IIILegalteca

IIIARANZADI LA LEY

Activa tu IIILegalteca

Código de activación *: NGACK8VR

AF275017

Accede a la versión electrónica de este libro en la Biblioteca Digital IIILegalteca siguiendo estas instrucciones:

1. Escanea este código QR
   o abre tu navegador de internet y accede a
   https://www.aranzadilaley.es/activatulegalteca

2. Inserta el **Código de activación** que aparece al inicio de esta página y pulsa **Validar código.**

3. Una vez validado el código aparecerá una nueva pantalla, en la que debes identificarte con tu usuario y contraseña o definirla si no eres usuario, a continuación, pulsa **Activar.**

Completado el proceso, podrás entrar en tu biblioteca para ver el libro en tu estantería.

* Este código podrá ser utilizado para una descarga, dejará de estar operativo a partir del momento en el que exista una edición posterior o descatalogación. Te recomendamos que procedas a la descarga de la obra en **IIILegalteca** lo antes posible.

IIILegalteca

IIIARANZADI LA LEY

**Descubre las ventajas de IIILegalteca,
la mayor biblioteca digital profesional de España**

IIILegalteca es la biblioteca digital de **Aranzadi LA LEY** donde puedes ver y trabajar con todos los contenidos de autor que te ofrecemos, entre los que encontrarás además de libros, revistas, anuarios y obras actualizables.

Además, si tus publicaciones contienen formularios los podrás editar, imprimir, exportar y enviar desde el propio **IIILegalteca.**

Funcionalidades que marcan la diferencia en IIILegalteca

 ACCESO OFFLINE
Puedes consultar las publicaciones desde cualquier dispositivo y sin necesidad de conexión a Internet. El usuario se puede descargar su publicación cómodamente para después acceder a ella.

 PERSONALIZACIÓN
La posibilidad de añadir notas, marcas y resaltes en el contenido, copiar y generar dosieres con la información seleccionada multiplica la eficiencia en el trabajo diario.

 DOSIERES
Esta funcionalidad facilita la labor de investigación, permitiendo agrupar un conjunto de recortes o extractos de una o varias publicaciones para tener localizada la información relacionada con un determinado caso, un expediente de un cliente o una tipología de asuntos.

 BUSCADOR JURÍDICO
Con el potente buscador jurídico avanzado con semántica y relevancia incorporadas, encontrarás fácilmente la información sobre los textos de las obras, números de revistas o versiones de una obra y dosieres creados, en todos los contenidos de la biblioteca.

 CONTENIDOS ENRIQUECIDOS
Una de las grandes ventajas es que todas las publicaciones en **IIILegalteca** tienen enlaces a legislación y jurisprudencia que permiten el acceso a quien sea suscriptor de la Base de Datos correspondiente.

MÁS INFORMACIÓN
Servicio de Atención al Cliente
https://www.aranzadilaley.es/contacto.html

EL IMPACTO DE LA INTELIGENCIA ARTIFICIAL Y LOS DERECHOS FUNDAMENTALES

Un desafío jurídico a la sociedad

AMIR AL HASANI MATURANO

*Profesor ayudante doctor (acreditado contratado doctor) de Derecho
Constitucional
Universitat de les Illes Balears*

EL IMPACTO DE LA INTELIGENCIA ARTIFICIAL Y LOS DERECHOS FUNDAMENTALES

Un desafío jurídico a la sociedad

Prólogo

JOAN OLIVER ARAUJO
*Catedrático de Derecho Constitucional
Universitat de les Illes Balears*

© **Amir Al Hasani Maturano**, 2024
© **Editorial Aranzadi, S.A.U.**

Editorial Aranzadi, S.A.U.
C/ Collado Mediano, 9
28231 Las Rozas (Madrid)
Tel: 91 602 01 82
e-mail: clienteslaley@aranzadilaley.es
https://www.aranzadilaley.es

Primera edición: 2024

Depósito Legal: M-27391-2024
ISBN versión impresa con complemento electrónico: 978-84-1162-955-3
ISBN versión electrónica: 978-84-1162-957-7

Diseño, Preimpresión e Impresión: Editorial Aranzadi, S.A.U.
Printed in Spain

*A Victoria y a nuestra hija Noa, con gratitud infinita,
por lo que regalan diariamente.*

Índice General

CAPÍTULO 1

EL FENÓMENO DE LA INTELIGENCIA ARTIFICIAL (IA)

CAPÍTULO 2

LA INTELIGENCIA ARTIFICIAL, UNA REVOLUCIÓN SOCIAL Y JURÍDICA PRESENTE

Abreviaturas

AN	Audiencia Nacional
Art.	Artículo
AP	Audiencia Provincial
BOE	Boletín Oficial del Estado
CE	Constitución Española de 1978
CP	Código Penal Español
DSA	Reglamento UE de Servicios Digitales
FJ	Fundamento Jurídico
IA	Inteligencia Artificial
LO	Ley Orgánica
SAN	Sentencia de la Audiencia Nacional
STC	Sentencia del Tribunal Constitucional
STS	Sentencia del Tribunal Supremo
STEDH	Sentencia del Tribunal Europeo de Derechos Humanos
TC	Tribunal Constitucional Español
TEDH	Tribunal Europeo de Derechos Humanos
TJUE	Tribunal de Justicia de la Unión Europea
TS	Tribunal Supremo Español
UE	Unión Europea

Prólogo

El profesor Amir Al Hasani Maturano, tras haber publicado su magnífica tesis doctoral (*Discurso del odio y libertad de expresión*, Aranzadi), nos ofrece ahora su nueva monografía, con un título sugerente e inquietante: *El impacto de la inteligencia artificial y los derechos fundamentales. Un desafío jurídico a la sociedad*. Lo primero que llama la atención es la productividad, de alto nivel científico, de este joven investigador de la Universidad de las Islas Baleares, que ya forma parte, por derecho propio, de este amplio grupo de jóvenes profesores universitarios españoles que hacen crecer, en altura y profundidad, el saber constitucional.

El punto nuclear del trabajo que prologamos es analizar y valorar la incidencia que la Inteligencia Artificial (IA) tiene —y tendrá aún más en el futuro— sobre los derechos fundamentales y sobre los mecanismos de control del poder, realidades jurídicas estrechamente relacionadas. De hecho, como es sabido, la garantía efectiva de los derechos y las libertades constituye el punto nuclear de cualquier democracia que merezca realmente el nombre de tal. Por ello, consciente de «que el desconocimiento y el menosprecio de los derechos humanos han originado actos de barbarie ultrajantes para la conciencia de la humanidad», la Asamblea General de las Naciones Unidas, el 10 de diciembre de 1948, proclamó «que la libertad, la justicia y la paz en el mundo tienen por base el reconocimiento de la dignidad intrínseca y de los derechos iguales e inalienables de todos los miembros de la familia humana». Con estas célebres palabras del Preámbulo de la Declaración Universal de Derechos Humanos se dio forma solemne a una de las convicciones más profundas de la conciencia colectiva de nuestra época.

La Inteligencia Artificial ofrecerá nuevas y grandes posibilidades al desarrollo humano, pero simultáneamente y de forma inseparable grandes amenazas para nuestro Estado de Derecho, especialmente a su pilar fundamental, esto es, la garantía de los derechos fundamentales. Lo que está amenazado no es su reconocimiento jurídico, que está asegurado, sino su preservación y reparación cuando sufran amenazas o vulneraciones por el desarrollo —casi ilimitado— de las nuevas tecnologías de la información y la comunicación. Como afirma Helga Nowotny, «preocupan las continuas pérdidas de privacidad, cómo será el futuro del trabajo y los riegos que la IA puede representar para las democracias libres. Todo esto genera sentimientos de ambivalencia generalizados: confiamos en la IA como una apuesta de futuro, pero a su vez nos damos cuenta de que hay motivos para la desconfianza».

Como indican los considerandos tres a seis del Reglamento (UE) 2024/1689 del Parlamento Europeo y del Consejo, de 13 de junio de 2024, por el que se establecen normas armonizadas en materia de inteligencia artificial (Reglamento de Inteligencia Artificial), los sistemas de IA pueden desplegarse fácilmente en muy diversos sectores de la economía y en muchos ámbitos de la sociedad, incluso obviamente a escala supranacional, y circular con facilidad por toda la Unión Europea. Algunos Estados miembros ya han estudiado adoptar normas nacionales destinadas a garantizar que la IA, por una parte, sea fiable y segura y, por otra, se desarrolle y utilice de conformidad con las exigencias derivadas del respeto y garantía de los derechos fundamentales y las libertades públicas. La IA es un conjunto de tecnologías en imparable progreso que contribuye a crear beneficios muy diversos en todos los sectores de la economía y de las actividades sociales.

La utilización de la IA puede proporcionar grandes ventajas competitivas a las empresas y favorecer la obtención de resultados positivos, desde la perspectiva social y medioambiental, en ámbitos tan diversos como la asistencia sanitaria, la agricultura, la seguridad alimentaria, la educación y la formación, los medios de comunicación, el deporte, la cultura, la gestión de infraestructuras, la energía, el transporte y la logística, los servicios públicos, la seguridad, la justicia, la eficiencia de los recursos y la energía, el seguimiento ambiental, la conservación y restauración de la biodiversidad y los ecosistemas, y la mitigación del cambio climático y la adaptación a él, entre otros, al mejorar la predicción, optimizar las operaciones y la asignación de los recursos, y personalizar las soluciones digitales que se encuentran a disposición de los ciudadanos y las entidades colectivas.

Simultáneamente —dependiendo de cómo se aplique y se utilice y de cuál sea su concreto nivel de desarrollo tecnológico—, la IA puede generar riesgos y menoscabar los intereses públicos y los derechos fundamentales que protege el Derecho de la Unión Europea. Dicho perjuicio puede ser tangible o intangible, incluyendo evidentemente los perjuicios físicos, psíquicos, sociales o económicos. Por ello, a tenor de las importantes repercusiones que la IA puede tener en la sociedad y la necesidad de crear confianza, es esencial que la IA y su marco normativo se desarrollen de acuerdo con los valores de la Unión consagrados en el artículo 2 del Tratado de la Unión Europea (TUE), los derechos y libertades fundamentales consagrados en los Tratados y de conformidad con el artículo 6 del TUE. Como requisito previo, la IA debe ser una tecnología centrada en el ser humano. Además, debe ser un instrumento para la mejora de la sociedad y tener por finalidad incrementar el nivel de felicidad de las personas. Como afirma Darío Villanueva, exrector de la Universidad de Santiago de Compostela (USC) y exdirector de la Real Academia Española (RAE), la inteligencia artificial promete cosas «maravillosas», pero «es peligrosa en manos de personas malvadas, que carecen de ética y de un sentido de solidaridad con los demás».

Es Revolt de Sa Cabaneta (Mallorca), 1 de septiembre de 2024

Joan Oliver Araujo
Catedrático de Derecho Constitucional

Introducción general

El presente trabajo tiene como objeto una investigación aproximativa sobre cómo la transformación digital se ha convertido en un auténtico paradigma o desafío para numerosos ámbitos de la sociedad. Ello provoca una creciente atención renovada por parte de la ciencia jurídica. Igualmente, se presenta una panorámica de la incidencia de la IA en una serie de derechos o grupos de derechos fundamentales, así como un estudio sobre los primeros pasos regulatorios sobre la IA a nivel nacional y comunitario. En especial, se observa cómo afecta al control de los discursos en las plataformas tecnológicas.

La nueva era de la Inteligencia Artificial supone un paradigma y reto a los planteamientos de la ciencia jurídica. Así como la transformación digital ofrece una serie de ventajas para el desarrollo social, tiene una incidencia a determinadas cuestiones éticas y jurídicas. En esencia, se desarrolla en los capítulos primero y segundo. Asimismo, en el contexto europeo y nacional se han iniciado pasos de regulación de la IA que son tratados en los capítulos tercero y cuarto. Con ello, se procura atender al marco jurídico y la utilidad para la sociedad en su conjunto.

Otra cuestión manejada, es la predicción futura mediante algoritmos. Con un claro desafío a la linealidad del pensamiento. Esto es, una creencia ciega mediante datos, a qué consumir, a cómo comportarse, a los avisos de nuestra vida, a la elaboración de perfiles policiales, etc. Se pone el foco en la amenaza que puede suponer para nuestra vida.

En suma, estos desarrollos tecnológicos, mediante el uso de la IA, genera unas implicaciones en el ámbito de la vigencia de los derechos fundamentales y el control del poder. Por ello, el trabajo también tiene como objetivo, en el capítulo quinto, una aproximación jurídica a los conflictos que se generan entre la IA y los derechos fundamentales. No solo por la acumulación masiva de datos, sino por el control de los discursos. En esencia, los profundos cambios requieren certeza y seguridad jurídica. Y la respuesta pasa por una reflexión desde el derecho y, especialmente, por el Derecho Constitucional.

Capítulo 1

El fenómeno de la Inteligencia Artificial (IA)

SUMARIO: 1.1. NOTAS PRELIMINARES. 1.2. LOS COMPLEJOS DESAFÍOS DE LA IMPLANTACIÓN DE LA IA EN NUESTRAS SOCIEDADES.

1.1.   NOTAS PRELIMINARES

Vaya por delante mi agradecimiento a todos los que me apoyaron de diferentes formas en la elaboración de este libro. Tanto por las correcciones como por los valiosos comentarios sobre algunas partes del mismo. Y, por supuesto, a mi familia, por distintas razones.

Es el resultado de lecturas apasionantes, ponencias y jornadas en diversos puntos y una preocupación constante personal y profesional por este asunto. Igualmente, un agradecimiento especial a todo el equipo de investigación del *PID2022-140944OA-I00 Inteligencia Artificial y Derecho: Análisis de la responsabilidad de los daños derivados del uso de sistemas de Inteligencia Artificial* (IARES) del cual tengo el gusto de formar parte. Y me permite continuar con la investigación presente.

En esencia, a través de estas páginas no tratamos de ofrecer unas conclusiones selladas ni definitivas. Sino más bien, unas contribuciones razonadas en relación a la problemática de la IA y los derechos fundamentales. En especial, a la conceptualización ético-jurídica sobre IA, a cómo se ha introducido en los ordenamientos jurídicos, y qué *déficits* o lagunas ya se ubica en la normativa presente. Más aún, de que el legislador —sea nacional o comunitario—, en esa regulación presente y futura, tenga presente los valores del Estado constitucional y, la salvaguarda y protección de los derechos fundamentales.

Inserto en las páginas se recogen un conjunto de hipótesis. La principal, gira en torno a cómo afecta la IA y qué posibles alternativas o soluciones ofrecemos para la no vulneración de derechos fundamentales.

Los avances científicos y tecnológicos son una realidad en nuestra humanidad. Algo que prácticamente no podemos ignorar, dada su importancia[1]. Incluso reconfiguran nuestras estructuras mentales y las estructuras sociales. Del mismo modo, como interpela Nowotny, nos preguntamos si: «¿Estamos presenciando el surgimiento de algo que podemos llamar tiempo digital, que se entromete en las jerarquías temporales de siempre, de los tiempos físicos, biológicos y sociales?»[2].

Lógicamente, hasta la percepción del *mundo* del Derecho sufrirá consecuencias de esta revolución[3]. La mayoría de nosotros somos conscientes de determinadas transformaciones sociales y los impactos no deseados; no obstante, como en la cuestión medioambiental, los poderes públicos mantienen un nivel de abstracción —difícil de comprender—. Cuestión distinta es si esta tecnología será capaz o no de no alterar el objeto y las consecuencias propiciadas por el Derecho.

La conciencia crítica que desarrolla el Derecho, difícilmente podrá operar de modo efectivo solo con el mundo digital. La necesidad de la acción humana continuará subsistiendo.

Por ejemplo, basta reflexionar, como los análisis predictivos mediante una máquina que contiene algoritmos nos ofrece un *futuro* aparentemente *cierto* en el presente. Con ello: «Los algoritmos y análisis predictivos nos brindan tranquilidad al trazar las trayectorias para el comportamiento futuro. Les atribuimos poderes y nos sentimos apoyados por los mensajes que transmiten sobre las incógnitas que más nos preocupan»[4]. Una clara alteración del tiempo y la relación causa-efecto. Se ofrece como un producto que ofrece al individuo la certeza y el control futuro, descartando el comportamiento humano. Peor aún, cuando un

---

1. «la IA está aquí, la IA es (de) nuestro tiempo y, por tanto, la IA es allí donde tenemos que saltar y reflexionar». En Coeckelbergh, M.: *La filosofía política de la Inteligencia Artificial (trad. Álvarez Canga, L.)*, Cátedra Teorema, Madrid, 2023, p. 181.

2. Nowotny, H.: *La fe en la inteligencia artificial. Los algoritmos predictivos y el futuro de la humanidad (Trad. Bosch, A.)*, Galaxia Gutenberg, Barcelona, 2022, p. 10.

3. «Preocupan las continuas pérdidas de privacidad, cómo será el futuro del trabajo y los riegos que la IA puede representar para las democracias libres. Todo esto genera sentimientos de ambivalencia generalizados: confiamos en la IA como una apuesta de futuro, pero a su vez nos damos cuenta de que hay motivos para la desconfianza». En Nowotny, H.: *op. cit.*, p. 9.

4. Nowotny, H.: *op. cit.*, p. 16.

«algoritmo tiene la capacidad de hacer que suceda lo que predice cuando el comportamiento humano se somete a la predicción»[5]. Sucede con ello, una pérdida de la capacidad de pensamiento crítico y el juicio propio[6]. Todo ello, a costa de un producto rentable económicamente y con apoyo del *marketing* publicitario.

Incluso, si hacemos una primera referencia a los derechos fundamentales con una lógica y dinámica propias. Las implicaciones que provocan son arriesgadas, por ende, conduce a una alineación de la IA con los principios y valores humanos. En cierto modo, podría decirse que la «inteligencia artificial necesita de la inteligencia institucional»[7].

1.2. LOS COMPLEJOS DESAFÍOS DE LA IMPLANTACIÓN DE LA IA EN NUESTRAS SOCIEDADES

Como ahora pasaremos a analizar, el creciente desarrollo de las tecnologías y aplicaciones relativas a la IA conlleva desafíos a nuestras sociedades. De ahí, que se requieran sucesivos debates filosóficos y políticos en torno a los desafíos que plantea a las democracias.

En esencia, comprender las cuestiones éticas y normativas que plantea la IA para arrojar algo de *luz*.

En distintos estudios sobre esta cuestión, ya, se plantean una serie de interrogantes: ¿Qué efectos políticos de la IA se producen en términos de igualdad o justicia? ¿Cuál es o debería ser el papel de la tecnología en la democracia? ¿Se requiere nueva normativa o puede autodisciplinarse la IA?

Estas y otras hipótesis son cuestiones que nos preocupan a lo largo del texto. Ahora bien, no trataremos todas de modo pormenorizado (sería inabarcable), sino que iremos observando y analizando algunas de ellas.

En línea a lo expuesto por el profesor Mark Coeckelbergh, se observa que la implantación de IA en las sociedades afecta tanto a la libertad negativa como libertad positiva; a la participación política; a la libertad de expresión; y a la propia esencia de democracia.

---

5. *Ibidem.*, p. 28.
6. «Después de todo, lo que nos hace humanos es nuestra capacidad única de hacernos la pregunta: ¿por qué suceden las cosas…por qué y cómo?» En *ibidem.*, p. 34.
7. Martínez García, J. I.: Inteligencia y derechos humanos en la sociedad digital, *Cuadernos Electrónicos Filosofía Derecho*, n.º 40, 2019, p. 179.

Así, en esa misión de la IA como una tecnología de vigilancia o predictiva (aprendizaje automático), no existe una ausencia total de interferencia u obstrucción por parte del Estado y por parte de otros ciudadanos[8].

Del mismo modo que afecta a la libertad negativa, también la interferencia en la psicología de elección o de deseo del individuo, es decir, la autonomía o libertad de positiva. A modo de ejemplo, el paternalismo mediante el *nudge*. No se toman elecciones autónomas racionales, ya que se *manipula* la decisión para lograr determinados fines[9].

Por otro lado, la libertad como participación política se ve influenciada por la implantación y el uso de la IA. Como afirma Coeckelbergh: «Si la libertad como autogobierno es un principio político importante, entonces, con respecto a tecnologías como la IA, es importante no solo que adquiera autonomía personal sobre mi uso de la tecnología (y responsabilidad) como usuario y consumidor, sino también que yo, como ciudadano, tenga algo que decir sobre las decisiones relacionadas con la tecnología y responsabilidad política sobre ellas»[10]. Ya que sino el poder reside en políticos tecnocráticos[11] o grandes plataformas tecnológicas. En este punto, cabe recordar como la empresa de datos *Cambridge Analytica* influyó en la campaña presidencial de Donald Trump en 2016, a través de publicidad personalidad a votantes individuales; o como la utilización de *bots* permite la propagación de noticias falsas a grupos específicos.

También, las restricciones a la libertad de expresión mediante la moderación de contenidos, en la detección automática de contenidos problemáticos. El autor, en alusión a la importancia del libre discurso en una democracia liberal, interpela si: «¿la moderación de contenido que lleva a cabo la IA constituye un daño a la libertad de expresión y está realmente justificada?»[12]

Destaca que en algunas situaciones donde se produce discurso del odio[13], manipulación o desinformación será necesario restringir el ejercicio

---

8.   *Vid.* Coeckelbergh, M.: *La filosofía política de la Inteligencia Artificial (trad. Álvarez Canga, L.)*, Cátedra Teorema, Madrid, 2023, pp. 25-29.

9.   *Vid.* Coeckelbergh, M.: *op. cit.*, pp. 30-33.

10. *Ibidem.*, pp. 42-43.

11. Una amenaza a la libertad como autonomía y a la libertad como participación política, puesto que la IA desempeña un papel crucial en las campañas electorales.

12. *Ibidem.*, p. 47.

13. Para un estudio completo de esta categoría, *vid.* Al Hasani Maturano, A.: *Discurso del odio y libertad de expresión*, Aranzadi, Navarra, 2023. Igualmente, *vid.* Teruel Lozano, G. M.: Cuando las palabras generan odio: límites a la libertad de expresión en el ordenamiento constitucional español, *Revista Española de Derecho Constitucional*, año n.º 38, n.º 114, 2018.

de derechos. Sin embargo, «el qué, por qué, cómo y quién de esta moderación y censura no es completamente transparente»[14]. Coincidimos en ello, en la mayoría de situaciones, ni sabemos cómo y quién lo justifica, y los procedimientos que siguieron esas plataformas tecnológicas.

En lo que respecta a la amenaza para la democracia, existe discusión sobre la idea de que la IA no es políticamente neutral. En ese debate entre los que apelan a una democracia basada en la razón y consenso, o en cambio, en una democracia directa basado en la lucha continua, la IA se sitúa en un punto intermedio. En la práctica, se implica en la toma de decisiones democráticas, pero ni permite una democracia más participativa, ni tampoco se basa en una deliberación racional. De ahí que, Coeckelbergh tenga dudas sobre el papel facilitador de la IA a una mejora de la democracia deliberativa y participativa. Incluso se refiere a como «los algoritmos de personalización alimentan a la gente con información con la que probablemente interactúan, y el resultado es la segregación en burbujas donde sus propias creencias están reforzadas y donde no se exponen a opiniones opuestas…mayor polarización política, que torna imposible el consenso como la acción colectiva»[15]. En suma, el reemplazo de la IA es peligroso, e incluso antidemocrático[16].

Otros desafíos igualmente interesantes que merecen un análisis, son los siguientes:

El cambio de nuestro rumbo temporal inducido por la tecnología digital o esta máquina de tiempo digital. Lo que permite ver el pasado de formas diferentes y el futuro visto desde el presente[17]. Esta tecnología se plantea necesaria desde un relato del progreso, pero, como veremos no se adapta plenamente a los desafíos futuros, ni tan siquiera responde a los valores constitucionales de las democracias liberales.

Como apunta Nowotny[18], el poder predictivo de los algoritmos se ha logrado en base a la convergencia de: una gran cantidad de datos; unos algoritmos perfeccionados por un conjunto de ecuaciones matemáticas y reglas de codificación; y el avance de detención de patrones en *big data* a partir de los cuales se extrapolen predicciones.

---

14. Coeckelbergh, M.: *op. cit.*, p. 49.
15. *Ibidem.*, p. 97.
16. «la IA no es simplemente una herramienta para la política, sino que cambia la política misma». En *ibidem.*, p. 102.
17. «La vida en la máquina del tiempo digital trae el pasado al presente e integra la parte visible del futuro que ha llegado. Provoca una sobrecarga para el presente, pero conlleva nuevas formas de ver las cosas en conjunto». En Nowotny, H.: *op. cit.*, p. 55.
18. Nowotny, H.: *op. cit.*, pp. 56-57.

Al fin y al cabo, una operación más barata en términos económicos, más precisa, lo que lleva a ser parte de una estrategia de maximización de beneficios por parte de las grandes empresas. «Su eficiencia es tan conveniente y tan rentable que parece eclipsar la necesidad de comprender y mejorar los mecanismos subyacentes. Les confiamos nuestros datos más íntimos, pero luego nos preocupamos de que nuestra privacidad se esté erosionando aún más»[19].

---

19. *Ibidem.*, p. 63.

Capítulo 2

La Inteligencia Artificial, una revolución social y jurídica presente

SUMARIO: 2.1. LA IA COMO REVOLUCIÓN PRESENTE. 2.2. LA NECESA-
RIA ADAPTACIÓN DE LA IA A LOS PRINCIPIOS CONSTITU-
CIONALES Y DEMOCRÁTICOS. 2.3. LIBRO BLANCO SOBRE
IA. 2.4. ADMINISTRACIÓN PÚBLICA Y ALGORITMOS.

2.1. LA IA COMO REVOLUCIÓN PRESENTE

Internet, como instrumento, se sitúa a disposición de los individuos y
la sociedad en general. Con todo, es un mundo virtual que reproduce
aspectos del mundo real, incluso puede realizar actividades iguales o establecer un patrón de relaciones similar al mundo externo. Con todo, no estará
limitado por fronteras territoriales o temporales. En esa línea, Barrios considera que la intervención estatal tiene tres frentes abiertos: los Estados no
poseen un dominio técnico directo para establecer reglamentaciones y con-
troles adecuados; el desfase normativo en una evolución dinámica e ince-
sante resulta complejo; y, su carácter abierto y descentralizado —espacio
de libertad— dificulta cualquier tipo de regulación y control basado en
estructuras jerárquicas, propias del Estado analógico[1].

Por ese motivo, un dilema inicial, es si Internet debe continuar siendo
un foro o red abierto (aún con sus códigos o mecanismos de autocontrol),
o en contraposición, deben preverse excepciones y limitaciones mediante
la regulación. Ciertamente, dada la diversidad estatal y el poco consenso
generalizado, el paso actual —de modo generalizado—, este en una regu-

---

1. Barrio Andrés, M.: *Fundamentos del derecho de internet*, 2.ª ed., CEPC, Madrid, 2020, p.
169.

lación de mínimos, o como Barrios alude «la profesionalización de los sujetos de Internet»[2].

En este sentido, en la UE se apostó originalmente, pensemos por ejemplo
en el art. 16 de la Directiva 2000/31/CE del comercio electrónico, por habi-
litar la autorregulación o mecanismos autorregulatorios en las controver-
sias. Dicho esto, la evolución marca un camino de una Gobernanza de
Internet[3]. Concepto acuñado, entre otros, por el Grupo de Trabajo de las
Naciones Unidas como: «El desarrollo y aplicación por los gobiernos, el
sector privado y la sociedad civil, en sus respectivas funciones, de principios, normas, reglas, procedimientos de toma de decisiones y programas
comunes que configuran la evolución y el uso de Internet».

En consonancia a ello, la UE ha ido consolidando nuevos patrones de
Gobernanza en Internet[4].

La Inteligencia Artificial (IA) se observa en numerosos acontecimientos
de nuestra vida cotidiana. Pensemos, por ejemplo, en las aplicaciones móviles, en la conexión a una red social, o en una compra por internet. Desde la
traducción de un texto; o bloquear un correo spam. Una repercusión que
puede conllevar beneficios, como hemos ido apuntando, y, al mismo tiempo
produce riesgos hacia los derechos fundamentales de los ciudadanos. El
concepto de IA proviene originariamente de la ciencia computacional. El
resultado de avances e investigaciones por el cual aparecen áreas/herra-
mientas como la de los algoritmos, la ciencia de datos, el aprendizaje de las
máquinas, el big data, etc.

Aunque los conceptos y las características exactas son descifradas por
la ingeniería informática o matemática, a modo de comprensión, los algoritmos se pueden considerar procesos de ejecución automatizada que a
partir de una información correctamente seleccionada y con instrucciones
que mimetizan los procesos del cerebro humano, pueden generar de predicciones, explicaciones y recomendaciones. Dado que, con los avances
actuales, se habla de *machine learning* —un aprendizaje de los propios algoritmos—.

---

2.   Barrio Andrés, M.: *op. cit.*, p. 172.
3.   Sin obviar que la «regulación de Internet, excede, por tanto, los parámetros regulato-
      rios tradicionales del Estado liberal de Derecho». En *ibidem.*, p. 175.
4.   El autor realiza una clasificación de cuatro modelos regulatorios: la extensión de
      soberanía territorial de los Estados; acuerdos internacionales con parcelas de regula-
      ción armonizadas; nuevos organismos internacionales; o una regulación directa a la
      arquitectura seminal de Internet. En Barrio Andrés, M.: *op. cit.*, pp. 176-179.

Como sucede con otras revoluciones históricas, facilita una mejora generalizada de los procesos económicos, además de otros avances sociales (salud, seguridad, justicia, etc.).

Se podría decir que hablamos de una revolución tecnológica y de datos (*big data*) que es resultado de reorganizaciones e invenciones, lo que necesariamente conlleva un cambio de paradigma.

En este paradigma de *big data*, dada la capacidad de autoaprendizaje de la IA, ha alterado el nivel de objetividad, superando incluso el modelo estadístico. La cuestión es que los algoritmos que se usan son desconocidos por la mayoría y los datos impulsados esta disponibles en pocas *manos* privadas. Y, por no decir, como las mediciones fabrican el futuro social según la información que transmiten[5].

Por estas y otras razones, surgen varios interrogantes ante los retos sociales, éticos y jurídicos que plantea la revolución digital. Tal es la importancia, que la Agencia Europea de Derechos Fundamentales de la UE desarrolló un informe que aborda determinadas implicaciones a la sociedad el uso de la IA.

De inicio, la primera hipótesis será ofrecer un concepto y las características de IA. La doctrina especializada ha apuntado a la dificultad de un concepto unívoco del mismo que determine su ámbito de actuación y características que definan el mismo. Con todo, se pretender aportar alguna aproximación conceptual.

A grandes rasgos, la IA comprende un comportamiento inteligente originado desde un proceso de ingeniería informática que permite almacenar, procesar y analizar de forma óptima datos masivos. A parte de ello, procura imitar la capacidad cerebral y el lenguaje de las personas. Los procesos automatizados desarrollados por esta innovación tecnológica conducen a una reflexión profunda de los retos que suscita. Su avance a una velocidad puntera, conduce a establecer unos principios éticos[6] y a un marco normativo evolutivo.

---

5. *Vid.* Amato Mangiameli, A. C.: Intelligenza artificiale, big data e nuovi diritti, *Rivista italiana di informatica e diritto*. 4, 1,2022, pp. 97-99.
6. «Para generar la confianza de la ciudadanía en los sistemas de IA deben garantizarse determinados aspectos esenciales como es la igualdad, la protección de las personas y la obligación de rendición de cuentas, cuestiones necesarias para velar por la transparencia y el buen funcionamiento de los distintos avances tecnológicos y mantener el carácter éticos de las medidas que se adopten». En Ester Sánchez, A. T.: El desafío de la Inteligencia Artificial a la vigencia de los derechos fundamentales, *Cuadernos Electrónicos de Filosofía del Derecho*, n.º 48, 2023, p. 127.

Entre otros, Llano Alonso ha expresado como este paradigma transhumanista de la era digital requiere un conocimiento cultural y académico de sus implicaciones ético-jurídicas[7]. En concreto, tanto las tecnologías emergentes de la informática, como de la comunicación han constatado una metamorfosis de lo que se conocía a día de hoy.

De este modo, en sentido alarmante Llano Alonso apunta que la revolución digital «puede contribuir a someter a la libertad de los seres humanos, empobrecer su vida interior, atacar su inviolabilidad e intangibilidad, e incluso atentar contra la dignidad humana y la sacralidad de la persona, entendida como sujeto moral»[8]. Resulta evidente, que también da lugar a muchas oportunidades o ventajas para muchos otros ámbitos. Sin embargo, no debemos olvidarnos de las amenazas a las democracias y el ataque a derechos fundamentales.

Esto es, los efectos beneficiosos de la IA conllevan riesgos en su integración en la vida social. De ahí, que se debe abordar su incidencia en pilares esenciales de nuestra organización jurídico-política como son los derechos fundamentales. No podemos perder la vista a una dimensión constitucional de este reto de la IA.

La utilización de la IA mejorará, con alta probabilidad, cuestiones cotidianas; incluso quién sabe el funcionamiento de la democracia representativa. Aunque los riesgos que plante son también elevados. Estos efectos son preocupantes, cuando lo relacionamos con las garantías de los derechos fundamentales.

La finalidad de la IA es reproducir los procesos cognitivos humanos, tales como la comprensión, el lenguaje o el aprendizaje. Para ello, utiliza determinadas herramientas como los algoritmos. Estos son una sucesión finita de operaciones y procesamiento de datos con un orden preciso para ofrecer una respuesta. Mencionado esto, la IA se clasifica en diferentes subcampos y técnicas diferentes.

---

7.   «En esta nueva era biotecnológica y digital se está sustituyendo el paradigma humanista —que considera al individuo como un fin en sí mismo y defiende la sacralidad de la condición humana y la dignidad de las personas como sujetos morales— por el paradigma posthumanista que, en su versión más utilitarista, propone la superación de los límites naturales por medios artificiales en aras de la perfección orgánica e intelectual de la especie humana». En Llano Alonso, F. H.: El derecho ante el nuevo paradigma transhumanista de la era digital, *Revista Jurídica de Asturias*, n.º 45, 2022, p. 41.

8.   Llano Alonso, F. H.: *op. cit.*, p. 51.

Con todo, lo que nos preocupa en este estudio, es la transformación profunda que produce en la vida colectiva de las sociedades, tanto en la economía (sustitución de profesiones), la política (la alteración de la representación política y la desinformación), y las relaciones interhumanas (conflictos de derechos y otras cuestiones). Sin descartar que la IA llegue a utilizarse con fines perversos.

Si nos centramos en la política y las relaciones interhumanas, el Derecho aparece como un *arma* que puede mejorar la vida en sociedad. De ahí, que surjan cuestiones tales como: ¿qué regular? ¿quién controla la regulación? ¿quién es responsable del no cumplimiento? ¿qué garantías se ofrecen para los responsables del no cumplimiento de la regulación?

Incluso, se podría añadir estos interrogantes: ¿quién y cómo se controlará a los reguladores?

En definitiva, sin unos parámetros éticos de *accountability*, *reliability* y *efficency*, por mucho avance de la ciencia computacional, no sería legítimo su uso comercial como un servicio a los consumidores. El liderazgo tecnológico digital debe ofrecer confianza a la sociedad, y no a la inversa.

Las reglas de gobernanza digital, previas a las actuales regulaciones, no tenían legitimidad democrática y no incorporar determinados valores que hemos cosechado durante la evolución histórica y cultural. Y los impactos que producen a valores como la tolerancia, la democracia y la solidaridad conducen *a no mirar hacia otro lado*.

2.2. LA NECESARIA ADAPTACIÓN DE LA IA A LOS PRINCIPIOS CONSTITUCIONALES Y DEMOCRÁTICOS

Del conocido artículo del matemático Alan Turing en los años 50, hasta la actualidad, la IA ha evolucionado tan significativamente, integrándose en complejos sistemas de toma de decisiones, por el cual se busca reproducir comportamientos similares humanos. Un sistema que es capaz de procesar datos e información asimilado a un comportamiento inteligente[9]. En particular, lo que aspira es imitar nuestra forma de actuar, incluso pensar. Una

---

9.　«Pese a que las investigaciones en el campo de la inteligencia artificial empezaron ya en la época de von Neumann y Turing, solo en los últimos años se ha producido un auténtico salto cualitativo en la posible consecución de resultados, cuando se ha abierto la perspectiva de aplicar a los sistemas de inteligencia artificial métodos de aprendizaje automático (machine learning) gracias a la capacidad de analizar ingentes masas de datos (Big Data)». En Campione, R.: Recopilar y vigilar: algunas consideraciones filosófico-jurídicas sobre inteligencia artificial, *Sociología y Tecnociencia*, 11 Extra 2, 2021, p. 124.

automatización de comportamientos inteligentes. O lo que es lo mismo, una nueva revolución tecnológica que cambia una realidad previa. Lo principal, esto puede interferir en el ámbito de las libertades constitucionales.

La transformación de los paradigmas culturales requiere un marco normativo adaptado a este reto tecnológico. Un marco ético y jurídico que en su operatividad este al servicio del bien común y de la sociedad. En cierta manera, que el carácter constitucional de Estado democrático y de derecho permee a la tecnología o al uso de la IA. Con otros términos, su regulación por parte del poder político debe asegurar el principio de la humanización de ciertos niveles.

El uso de IA, en ocasiones, restringe el ejercicio de derechos fundamentales; influye en cuestiones éticas; etc. Sin respecto a la protección y promoción de la dignidad humana y los derechos fundamentales, el avance tecnológico no puede tener cabida en la sociedad. Su aspiración, necesariamente, pasar por ser instrumental. Por tanto, debe ser necesaria para el bienestar al ser humano y sociedad y no lo opuesto.

La tecnología se diseña para interactuar con las personas, la cuestión del lenguaje será un punto esencial. La IA vive de los datos insertos previos y al tomar decisiones o recomendaciones, puedo modificar el mismo entorno. Un impacto peculiar al comportamiento humano. Incluso podría afirmarse que se delegan funciones cognitivas del ser humano a la máquina, aunque esto es más discutible.

De ahí que el problema de la responsabilidad jurídica (incluso moral) se enmarañe: ¿Será la tecnología solo un medio o realmente decide inteligentemente por si sola?

Las tecnologías han venido a ser un medio para tomar la decisión y no la remplazan, aun con todo, la práctica ofrece dificultad de una distinción nítida entre la decisión humana y la decisión automatizada.

No quedará más remedio que una atención a discernir cómo se toman las decisiones y en qué condiciones las técnicas de IA son capaces de replicar la actividad cognitiva humana.

Como afirman los autores, el rompecabezas aumenta dada la evolución de la IA a la técnica del aprendizaje automático produce la transformación de un enfoque lógico-deductivo a un enfoque inductivo. La máquina aprende directamente de datos para tomar la decisión. Y más si le añadimos que no proporcionan las explicaciones o las causas a esas conclusiones, ya que simplemente parte de la estadística.

Parece evidente que, con el nuevo enfoque inductivo estadístico, se procesa una gran cantidad de datos a un tiempo mayor,

Tal es la influencia tecnológica en el comportamiento que, como apunta Simoncini[10], la tecnología proporciona ya la base de información sobre la cual se tomarán las decisiones humanas. Una inversión de la máquina como medio a fin[11]. No sucede igual con el aprendizaje automático.

De ese modo, de cara a un elemento de verificación de justicia o idoneidad de las decisiones tomadas por el uso de IA, debe *instruirse* en los valores constitucionales.

Máxime si esa toma de decisiones se utiliza por un poder público. La comprensibilidad de ese uso de IA debe apartar los elementos fácticos y valorativos del proceso de toma de decisión. El debate, en consonancia, se abre en el nivel de objetividad exigible para una comprensión real de los fenómenos que suceden con la correlación de variables.

Sucede pues, que la mayoría de algoritmos en uso por las grandes plataformas tecnológicos son desconocidos por el público en general. No se sabe muy bien, si esa cantidad colosal de datos que poseen para establecer sus mediciones, están o no impulsados por un interés comercial. Son estas y otras preguntas, las que denotan una necesidad imperiosa de mayores obligaciones exigibles y diligentes a las grandes plataformas.

Sin una garantía de un consentimiento informado en sentido estricto sobre los datos, la difusión de desinformación, la publicidad engañosa, el oscurantismo de los algoritmos, no podremos ser optimistas y *enmarcarlo* como algo *válido* para el constitucionalismo digital.

Asimismo, se requiere una visión en conjunto, además de la percepción individual. En este sentido, apunta Cotino Hueso, «la valoración al derecho afectado debe recalibrarse y efectuarse bajo una visión de conjunto en razón del riesgo no solo para un individuo, sino para millones de ellos»[12].

---

10. Simoncini, A.: *op. cit.*, p. 26.
11. Las autoras mencionan esta tendencia de la propaganda computacional, la difusión de información que modula la opinión pública, incluso distorsionando la realidad. En Reale, C. M.; Tomasi, M.: Libertà d'espressione, nuovi media e intelligenza artificiale: la ricerca di un nuovo equilibrio nell'ecosistema costituzionale, *DPCE ONLINE*, v. 51, 1/2022, p. 328.
12. Cotino Hueso, L.: La necesaria actualización de los derechos fundamentales como derechos digitales ante el desarrollo de internet y las nuevas tecnologías. En *Pendás, B (dir.).: España Constitucional (1978-2018)*, III Tomo, CEPC, Madrid, p. 2357.

La IA debe contemplarse rigurosamente desde la óptica de la democracia y los principios axiológicos[13]. Un establecimiento de principios éticos a modo de camino inicial no resulta suficiente, se requieren pasos más firmes y contundentes. Todo alejamiento de nuestros valores constitucionales conllevará «el despotismo anti-ilustrado de la tecnocracia posthumanista»[14].

Presno Linera ha abordado la conexión entre IA y la teoría general de los derechos fundamentales, en su doble dimensión y en la incidencia de la IA en el contenido de los derechos fundamentales. Para el autor citado, la revolución digital plantea una doble vertiente: la primera, la interacción de la IA «puede generar nuevas e importantes facultades que se interpreten como parte del objeto de algunos derechos fundamentales ya reconocidos»[15]; y, en segundo lugar, considera que los principios estructurales del Estado deben permear a la IA.

En especial, en atención a la seguridad jurídica en lo que respecta a los sistemas automatizados de toma de decisiones. De ahí que, la intervención reguladora en los casos de alto riesgo en el uso de IA debe reforzar la protección de los derechos. En relación al principio estructural del Estado democrático, el gran control e información que poseen las tecnologías de la IA para desequilibrar los sistemas democráticos.

Tal como apunta Presno Linera, «el recurso a sistemas de IA por parte de los poderes públicos o de entidades que actúen en su lugar debe hacerse sin que quede afectado ese mínimo invulnerable que garantiza el principio de dignidad humana y, en la medida de lo posible, promoviendo el libre desarrollo de la personalidad»[16].

En síntesis, en el metaverso, cada vez más, se puede hacer casi todo lo que uno puede imaginar, desde trabajar, crear experiencias, comprar, etc.

Entre los elementos que se desglosan de la IA, para Simoncini[17] se ubican dos claves: en primer lugar, los sistemas tecnológicos de IA se utilizan para tomar decisiones, realizar pronósticos o recomendaciones, tomar acciones

---

13. «La IA debe contemplarse rigurosamente desde la óptica de la democracia y los principios axiológicos. El establecimiento de principios éticos a modo de camino inicial no resulta suficiente, por ende, se requieren pasos más firmes». En Al Hasani Maturano, A.: El constitucionalismo digital: ¿paradigma, reto o necesidad? *Papeles El tiempo de los derechos*, n.º 25, 2023, p. 6.
14. Llano Alonso, F. H.: *op. cit.*, p. 53.
15. Presno Linera, M. A.: *Derechos fundamentales e inteligencia artificial*, Marcial Pons, Madrid, 2022, p. 84.
16. Presno Linera, M. A.: *op. cit.*, p. 104.
17. Simoncini, A.: Il linguaggio dell'Intelligenza Artificiale e la tutela costituzionale dei diritti, *Rivista AIC Trimestrale di diritto costituzionale*, Anno 2023/ Fascicolo II, p. 8.

de forma autónoma o evaluaciones. En segundo lugar, los sistemas interactúan entre datos procedentes del entorno y eso contribuyen a modificar el propio entorno en el que se encuentran. Esto es, una máquina que recibe señales del entorno, y a su vez, lo modifica. De ahí, que la tecnología no es solo un medio funcional como tal, sino que toma una decisión, lo que socava la estructura lógica-conceptual[18]. En la experiencia jurídica, entiéndase en el derecho civil o penal, la causa precede irrevocablemente al efecto, y eso aparece distorsionado con la IA. Conduce a un problema de la responsabilidad. Por supuesto, que habrá diferencias entre una máquina que apoye de otra máquina que reemplace al sujeto humano. Lo que preocupa es que las decisiones que se tomen, sean públicas o sean privadas, interfieren en nuestro ámbito o esfera de libertad sobre la base de un sistema de IA. Por ese motivo, tiene un impacto peculiar en el comportamiento humano.

Las técnicas más avanzadas de IA se basan en métodos empíricos-inductivos, sin que con ello se proporcionen las explicaciones o las causas de las conclusiones que toman. Se suele indicar a modo de ejemplo, un coche sin conductor o un robot quirúrgico. El interrogante sería el siguiente: ¿Es el hombre el que decidió como debía tomar la decisión, o más bien, tomo de forma autónoma la decisión en base a lo que generó?

Pensemos que, a la hora de tomar una elección, un individuo se basa en el conocimiento, experiencia y en la información. El problema ya surge, cuando la mayoría de información que adquirimos provienen de las plataformas tecnológicas que no son por naturaleza neutrales. Con problemas varios, como la desinformación, las *fake news* o la posverdad.

En suma, la base de la información cuando tomamos *libremente* una decisión, parte principalmente de la propia tecnología digital.

De la misma forma, las decisiones que se toman mediante la IA son difíciles de comprender[19], para verificar su legitimidad o licitud. Por ende, el tema del lenguaje es fundamental en el diseño de estas tecnologías. Sino se conocen los elementos fácticos y valorativos sobre los que se construye la decisión tomada por sistemas de IA, difícilmente podrá reconstruirse una motivación del acto, y juzgar[20]si la decisión es contraria a derecho.

---

18.   Simoncini, A.: *op. cit.*, p. 12.
19.   El autor menciona que el principio de comprensibilidad del lenguaje utilizado por los sistemas de IA puede formularse en que al interferir en la esfera personal deben ser comprensibles, tanto los elementos fácticos como jurídicos en los que se basan dichas decisiones. En Simoncini, A.: *op. cit.*, pp. 35-39.
20.   El autor, en relación a su utilización en la administración de justicia, considera que «la IA hace inferencias probabilísticas (predice, ayuda o decide), pero no distingue

Si hay comprensibilidad de los elementos que efectúan esa decisión, se podrá instar acciones de responsabilidad. Algo así, como un acto jurídico motivado en la Administración Pública.

Para que podamos mencionar un principio de comprensibilidad de los sistemas de IA —especialmente en decisiones públicas que influyen en la esfera personal— debe traducirse el lenguaje tecnológico a un lenguaje vehicular analógico. De ese modo, Simoncini considera que la cuestión del lenguaje y su comprensibilidad se convierte en un punto central en el debate a una transformación constitucional en la era tecnológica[21].

Aún siendo defensor del potencial de la IA, en su capacidad de sistematizar y procesar datos para desarrollar algoritmos que ofrecen soluciones inteligentes, Frosini también considera que el algoritmo debe ser cognoscible[22]. Es decir, que sea revisable.

Los autores que defienden su uso, generalmente, se posicionan en una regulación basada en principios y no en una hipertrofia normativa. Con un cierto grado de indeterminación para que conceda discrecionalidad al Estado y las autoridades públicas.

En suma, tras lo expuesto el debate sobre las cuestiones éticas, sociales y jurídicas que rodean el uso y las consecuencias de esta tecnología esta totalmente abierto. La necesidad de adaptar los conceptos y categorías jurídicas requiere estudios en profundidad con distintas visiones. A juicio de Bustos Gibert, «la opción preferida ha de ser la de la evolución de los conceptos constitucionales al mundo de la IA. Y ello porque los valores del constitucionalismo siguen siendo dignos de ser protegidos y las categorías conceptuales del derecho constitucional han sido, por una parte, muy útiles en tal protección, y, por la otra, han demostrado una enorme capacidad de adaptación a los cambios en la realidad a través de sucesivas reformulaciones conceptuales»[23]. Coincidimos en que los valores del constitucionalismo y las categorías conceptuales son útiles y permitirán una evolución a este nuevo mundo de la IA.

---

entre justificar y explicar (o, tal vez mejor, ni justifica ni explica). Los algoritmos hallan patrones de decisión de los jueces y los usan para predecir, ayudar a decidir o tomar decisiones». En Aguiló Regla, J.: Notas sobre inteligencia artificial y decisión judicial, *RJIB*, 2024.

21. Simoncini, A.: *op. cit.*, p. 39.
22. Frosini, T. E.: L'orizzonte giuridico dell'Intelligenza Artificiale, *Perspective sul n. 1/2022 di BioLaw Journal - Rivista di BioDiritto*, 2022, p, 6.
23. Bustos Gisbert, R.: El constitucionalista europeo ante la inteligencia artificial: reflexiones metodológicas de un recién llegado, *Revista Española de Derecho Constitucional*, 131, 2024, p. 172.

Para Bustos Gibert se requiere la adopción de una transformación constitucional con el siguiente posicionamiento[24]:

–   Evitar las posturas exclusivas defensivas a la sola protección de los ciudadanos.

–   Huir de conceptos extraños a conceptos o herramientas de análisis ya probados.

–   No sustituir la normatividad de la Constitución por la mera vigencia de principios éticos.

–   Excluir una reconstrucción *ex nova* de todo el andamiaje constitucional para crear unos nuevos.

La dicotomía entre el hombre y la máquina obliga a una mirada en profundidad. Ya se han dado pasos firmes, algunas propuestas resaltan la importancia de que los conceptos constitucionales se apliquen a las evaluaciones de impacto de la IA, en especial, cuando hablamos de derechos fundamentales.

En el desarrollo doctrinal imperioso, frente a una pasividad del *soft law* inicial al surgimiento de la *sociedad algorítmica*, se debe resolver —definitivamente— la cuestión del reconocimiento de la subjetividad jurídica para los sistemas de IA.

De la misma forma, la jurisprudencia ya ha resuelto con decisiones centradas en esta cuestión. Cabe destacar como el TJUE se ha ocupado del sistema de filtrados automático de los flujos de comunicación en plataformas (Caso Sabam, Caso Google contra Francia).

Así, por ejemplo, «ofrecer desarrollos conceptuales para utilizar las herramientas de IA en la mejora de los derechos de los seres humanos, de la garantía del *rule of law* en la adopción de decisiones colectivas, de la participación política de los ciudadanos en una sociedad democrática o, en fin, de la promesa de progreso ínsita en el corazón del constitucionalismo moderno»[25]. O, formular los criterios razonales para que tanto los supervisores privados o públicos, y los órganos administrativos y judiciales determinen las responsabilidades concretas. En realidad, que existen auténticas garantías para que el contenido constitucional este inmerso en los procesos del uso de la IA, y así concluir que sus decisiones son adoptadas con procedimientos legítimos, o al menos razonables.

---

24.   Bustos Gisbert, R.: *op. cit.,* p. 173.
25.   *Ibidem.* p. 175.

2.3. LIBRO BLANCO SOBRE IA

La Comisión Europea en febrero del año 2020 configuró el Libro Blanco sobre IA, un enfoque orientado a la excelencia y la confianza. En consonancia a que la IA «conlleva una serie de riesgos potenciales, como la opacidad en la toma de decisiones, la discriminación de género o de otro tipo, la intromisión en nuestras vidas privadas o su uso con fines delictivos» se propuso un enfoque europeo en torno a las implicaciones éticas y humanas de la IA. Son justamente estos dos términos, los principales pilares de esta orientación.

La generación de confianza con estrecha vinculación a los valores del Estado de Derecho, y la capacidad de crear productos fiables y seguros en sectores económicos y sociales tan importantes, como sanidad, automoción, energía, etc.

El potencial tecnológico e industrial con una infraestructura digital segura y un marco regulador claro basado en valores de la UE, conlleva en un mundo globalizado, estar en la vanguardia de la innovación en la economía de datos y sus aplicaciones.

Como se indica en el Libro, el ecosistema de IA que acerque las ventajas de la tecnología a la sociedad y la economía debe basarse en los ciudadanos, desarrollo empresarial y los servicios de interés público. Por ende, el impacto de la IA se basa en una perspectiva de sociedad en conjunto, además de individual.

A través del Libro Blanco se propugna un desarrollo de la IA seguro y fiable, no obstante, con un respeto a los valores y derechos de los ciudadanos de la UE.

En síntesis, un ecosistema de excelencia en una colaboración público-privada; y un ecosistema de confianza que vele por el cumplimiento de las normas de la UE, con un enfoque antropocéntrico. De inicio, el planteamiento nos parece correcto, en la generación de ambos ecosistemas, y más en este último.

El ecosistema de excelencia se plantea en varios niveles. Una colaboración con los Estados miembros para fomentar el desarrollo y la utilización de la IA en Europa. Principalmente se basa en una financiación que ayude a integrar el bienestar social y medioambiental con las inversiones económicas. Además, aumentar los esfuerzos en I+D en los conocimientos e investigaciones sobre IA. Por otro lado, una educación digital adaptada a esta nueva era, teniendo presente las cualificaciones profesionales de los trabajadores. A continuación, un apoyo a las PYMES y colaboración con el sector privado. Además, una promoción de la IA en la adopción de productos y servicios que se basen en IA en el sector público. Por último, la mejora en el acceso y la gestión de los datos.

El ecosistema de confianza se presenta como oportunidad y como amenaza. En sintonía a la estrategia sobre IA que la Comisión desarrolló en abril del 2018 y las directrices del Grupo de Expertos del año 2019, se acogen los requisitos esenciales: acción y supervisión humanas, solidez técnica y seguridad, gestión de la privacidad y datos, transparencia, diversidad y no discriminación, bienestar social y medioambiental, rendición de cuentas. Se señala que los desarrolladores e implementadores de la IA están sujetos a la legislación en materia de derechos fundamentales, protección de los consumidores y normas sobre la seguridad de los productos y responsabilidad civil. Como sucede con el mundo analógico, en el digital no puede existir opacidad y debe poderse hacer frente a cualquier riesgo de la IA. Confianza a los consumidores y seguridad jurídica a ellos y las plataformas.

En adelante, en el Libro Blanco se mencionan los principales problemas derivados al uso de la IA como la protección de datos personales y la privacidad, la no discriminación y la cuestiones relativas a la eficacia de la responsabilidad civil.

De esta forma, se remarca que la el uso de la IA puede afectar los valores sobre los que se fundamenta la UE y provocar la conculcación de derechos fundamentales, como la libertad de expresión, la discriminación, la protección de datos personales, el derecho a una tutela judicial justa, la libertad de reunión, o la protección de consumidores.

En algunos casos, proviene de los defectos en el diseño de los sistemas de IA, por ejemplo, en el uso de datos sesgados sin una corrección humana. En otros, en cambio proviene de acciones o decisiones adoptadas por sistemas de IA, o con ayuda de los mismos. A modo de ejemplo, la predicción de una reincidencia delictiva ocasiones prejuicios racionales o sociales.

Ese riesgo potencial que la IA tiene en la vida cotidiana de las personas, en cuestiones tales como la protección de datos o la vigilancia masiva, o la moderación de contenidos deriva en un avance de la protección normativa. No solo lo anterior, sino también, los prejuicios y la discriminación son riesgos inherentes, ya que la toma de decisiones no es ajena al error ni a la subjetividad.

Como sucede con estos riesgos para los derechos fundamentales, también pueden ser riesgos que procedan del diseño de la tecnología de IA, disponibilidad o calidad de datos, que lleva a establecer un régimen jurídico eficaz de responsabilidad civil. En consecuencia, a la falta de transparencia y la trazabilidad, se requiere que las personas damnificadas puedan recibir indemnizaciones en casos que existan riesgos para los usuarios cuando hablamos de productos o servicios.

Evidentemente resulta complejo en los sistemas basados en IA, demostrar la existencia de un defecto en el producto o servicio, el daño generado y el nexo causal entre ambos. No resta ello a que deba adaptarse el marco normativo en vigor en la UE —esta aprobándose—.

Toda esta adaptación del marco normativo para abordar estos riesgos, fueron previstos por la Comisión Europea. Consideraban que había limitaciones del ámbito de aplicación de la legislación existen en la UE; a su vez la opacidad para una aplicación efectiva de la legislación nacional y de la UE; y la incertidumbre en la imputación de responsabilidades entre los distintos agentes económicos de la cadena de suministros. Y, por supuesto, la cuestión de la ciberseguridad.

De ahí que se adjuntara un informe sobre las repercusiones en materia de seguridad y responsabilidad civil de la IA, el internet de las cosas y la robótica.

Por encima de todo, se enmarcan unos requisitos —expuestos por el grupo de expertos— para las aplicaciones de IA que entrañan un riesgo elevado. Los requisitos de forma resumida son los siguientes:

- Datos de entrenamiento: garantizar que los datos utilizados para entrenar los sistemas de IA respeten los valores y derechos de la UE. Para ello se prevén requisitos destinados a ofrecer garantías razonables de que el uso posterior de los productos o servicios a través de IA es seguro, y cumple estándares previstos en la normativa.

- Conservación de registros y datos: obliga a registros exactos sobre el conjunto de datos utilizado para entrenar y probar los sistemas de IA; y la documentación sobre las metodologías de programación, entrenamiento y procesos.

- Suministro de información: facilitar la información de las capacidades y limitaciones del sistema de IA a la ciudadanía.

- Solidez y exactitud: reflejar correctamente el nivel de exactitud a lo largo de las fases de su ciclo de vida; garantizar la reproducibilidad de los resultados; y, que sean resilientes ante los ataques abiertos e intentos de manipulación de datos.

– Supervisión humana: revisar y validar por un humano anterior y posteriormente.

– Requisitos específicos en el caso de identificación biométrica remota.

– Por otro lado, para implantar un sistema que dependa de la evaluación de conformidad previa, recomienda prestar atención a:

  – La posibilidad de que determinados sistemas de IA evolucionen y aprendan de la experiencia.

  – La necesidad de verificar datos utilizados en el entrenamiento, así como las técnicas, procesos y metodologías de programación y entrenamiento.

  – Los fallos detectados en la evaluación de conformidad deben ser corregidos.

Para finalizar, comentar que resulta interesante la propuesta de Resolución y su anexo sobre recomendaciones que se destinaron a la Comisión sobre un régimen de responsabilidad civil en materia de IA.

Se determina que la responsabilidad civil «garantiza que una persona que haya sufrido un daño o perjuicio tenga derecho a reclamará y recibir una indemnización a quien se haya demostrado que es responsable de dicho daño o perjuicio y, por otra parte, proporciona incentivos económicos para que las personas físicas o jurídicas eviten en primer lugar causar daños o perjuicios o consideren en su comportamiento el riesgo de tener que pagar una indemnización».

En el mismo se apunta que el marco jurídico puede modularse por cada Estado miembro y debe ir precedido de una consulta con los Estados miembros y de un amplio debate público.

Se parte de la base que el concepto de sistemas de IA comprende un amplio grupo de tecnologías distintas: aprendizaje automático, aprendizaje profundo y estadística. Y que pueden producirse situaciones opacas o casi imposibles, a la hora de una determinación de quién controla el riesgo asociado al sistema de IA, o qué código, entrada o datos han provocado el funcionamiento lesivo. Esto es, «este factor podría dificultar la identificación de la relación entre el daño o perjuicio y el comportamiento que lo causa». De ahí, entre otras cuestiones, que se apunte a «que el usuario necesita estar seguro de que el posible perjuicio causado por los sistemas que utilicen IA está cubierto por un seguro adecuado y de que existe una vía jurídica definida para la reparación».

Como se indica en el anexo a la propuesta, destacaríamos dos aspectos:

- «Los ciudadanos deben tener derecho al mismo nivel de protección y de derechos, independientemente de si el daño es causado por un sistema de IA o no, o de si tiene lugar física o virtualmente, de tal forma que aumente su confianza en la nueva tecnología».

- «En la futura propuesta de Reglamento deben tenerse en cuenta tanto el daño material como el daño inmaterial».

2.4. ADMINISTRACIÓN PÚBLICA Y ALGORITMOS

La utilización de esta tecnología digital impacta en todos los sectores del ordenamiento jurídico, también en el ámbito del sector público. Esto es, cada vez más, se prestan servicios públicos a través de decisiones basadas en algoritmos. Por ello, la transparencia a la ciudadanía [26] resultará primordial.

El extensivo uso progresivo de los algoritmos predictivos en las Administraciones Públicas resulta ya una evidencia [27]. Así pues, la implementación de la IA en el desarrollo de la gestión pública para la toma de decisiones administrativas, mediante algoritmos, requiere el cumplimiento de los principios y valores constitucionales. Además del cumplimiento de otros principios administrativos exigidos a las Administraciones. Como apunta Palma [28], la decisión es un factor entre el caso concreto, la solución tomada

---

26. «Así, la doctrina jurídico-administrativa y el derecho público en general…debaten sobre la transparencia algorítmica, sobre el valor de la decisión de la máquina como elemento instrumental del acto administrativo, sobre la necesidad, o no, de introducir el sistema algorítmico en la motivación del acto administrativo o sobre la limitación de la discrecionalidad administrativa debida al uso de algoritmos y de algoritmos basados en IA». En Vestri, G.: Denegación vs. Derecho de acceso al código fuente en los sistemas algorítmicos. Una perspectiva jurídico-administrativa. En *Cotino Hueso, L. y Castellanos Claramunt, J. (ed.), Transparencia y explicabilidad de la inteligencia artificial*, Tirant lo Blanch, Valencia, 2022, p. 112.

27. Como apunta Macchia, lo que ha cambiado es la forma, ya no es una aplicación puramente documental sino de reemplazamiento de la medida administrativa. En Macchia, M.: Pubblica amministrazione e tecniche algoritmiche, *DIPCE*, 51-1, 2022, pp. 311-312.

28. Palma, M.: Gli algoritmi dell'amministrazione pubblica e l'amministrazione pubblica degli algoritmi, *Rivista italiana di informatica e diritto*. 4, 2 (dic. 2022), p. 40.

y el modelo matemático incorporado. Los factores que determinan un empleo inadecuado del sistema IA, deben examinarse previamente a su desarrollo normativo o su aplicabilidad. De hecho, la UE ha iniciado pasos normativos en esta transformación digital que debe enfrentar a las Administraciones. Ahora bien, quedan diversas cuestiones opacas y que deben indagarse ética y jurídicamente[29]. Entre otras, el impacto a los derechos de los ciudadanos.

Así pues, el proceso de digitalización implica una posible afectación a derechos en sus inevitables relaciones con las Administraciones Públicas[30]. Tal y como menciona Jiménez Asensio[31], esta transformación digital debe configurarse en cuatro polos armonizados: tecnología; procesos; organización y gestión; y, ciudadanía. Del mismo modo, este autor refiere que el proceso acelerado necesita «sosiego y capacidad de visión estratégica de lo que implica la digitalización en términos de atención a la ciudadanía, que es, al fin y a la postre, el ADN existencial de la Administración Pública»[32]. En el fondo, que los procesos de modernización de la Administración estén al servicio de los ciudadanos sin que sea relevante el contexto virtual.

Parece lógico que la actuación administrativa automatizada mediante sistemas de IA supone un reto, tanto por la propia opacidad como por la complejidad técnica de la misma. En efecto, se debe conocer cómo se toma la decisión y qué datos[33] se han tenido en cuenta —aplicando el régimen de protección de datos personales—. La UE ya ha iniciado pasos regulatorios para hacer frente a los riesgos que plantea el uso de la IA, y al mismo tiempo, que ofrezca una transparencia del proceso de toma de decisiones algorítmico. Desde el Libro Blanco que presentó la Comisión Europea a la reciente *Artificial Intelligence Act*, que en la práctica lleva cambios importantes.

A parte de lo anterior, uno de los principales problemas que se plantean con el uso de algoritmos en la toma de decisiones administrativas son los sesgos. Esto es, una percepción personal o social prejuiciosa de una persona o grupo de personas sobre la base de algo que le diferencia. Máxime, si los

---

29. En especial, para garantizar que la eficacia de la acción administrativa basada en un procesamiento de datos no sacrifique las garantías de un proceso administrativo.
30. Este autor considera que la racionalidad del derecho administrativo como orden social y legitimado en poder tienen la dificultad de sistemas complejos y desbordados. En Palma, M., *op. cit.*, p. 40.
31. Jiménez Asensio, R.: Detrás de la pantalla: Transición digital, Administración Pública y ciudadanía. En *Medina Guerrero, M (coord.), Los derechos de la ciudadanía ante la administración digital*, CEPC, Madrid, 2023, p. 17.
32. Jiménez Asensio, R., *op. cit.*, p. 31.
33. Los datos son la base de la decisión, más, en el caso de procedimientos automatizados.

sesgos ocasionados en datos implementados[34] son susceptibles de generar una discriminación jurídicamente relevante y carentes de una justificación objetiva. En síntesis, una discriminación algorítmica a consecuencia de determinadas variables. Por ende, la herramienta de los sistemas algorítmicos, en todo su proceso, deben respetar la igualdad y debe evaluarse un hipotético impacto discriminatorio.

En consonancia a ello, entre los problemas que se plantean con una actuación administrativa automatizada son la falta de transparencia —opacidad—; el almacenamiento de datos; y, los posibles efectos discriminatorios derivados de los sistemas algorítmicos.

En resumen, el rendimiento tecnológico denota sofisticación y opacidad a la vez. A su vez, los sesgos pueden ser variopintos y con impactos diferentes. Los datos (*inputs*) reflejan estereotipos y prejuicios. Además, el código fuente lo diseñan sujetos con su escala personal de valores y prejuicios. Por ese motivo, resulta necesario disponer de información sobre los datos empleados para esa toma de decisión y su ponderación en la toma de decisiones. Unido a, valores que mida la precisión u error de la inferencia, a parte de una supervisión humana cualificada.

El uso de la IA —mediante algoritmos predictivos— debe procurar quedar relegada a desempeñar un papel instrumental del procedimiento administrativo, puesto que carece de razonabilidad humana. Y no puede omitir las garantías del interesado. Esto es, un marco regido por los principios de transparencia inteligible, junto a la responsabilidad y la disponibilidad de las garantías judiciales. El proceso algorítmico no debe alejarse del derecho a la explicación —comprensibilidad y cognoscibilidad—.

---

34. Apunta Macchia que el responsable del tratamiento de datos debe implementar lo necesario para rectificar inexactitudes, efectos discriminatorios y errores. En Macchia, M., *op. cit.*, p. 317.

Capítulo 3

Un balance de la reglamentación europea de la IA

SUMARIO: 3.1. EL REGLAMENTO DE SERVICIOS DIGITALES. 3.2. LA LEY
DE INTELIGENCIA ARTIFICIAL DE LA UE.

3.1. EL REGLAMENTO DE SERVICIOS DIGITALES

El Reglamento (UE) 2022/2065 del Parlamento Europeo y del Consejo de 19 de octubre de 2022 relativo a un mercado único de servicios digitales modifica la Directiva 2000/31/CE (en adelante DSA-Digital Services Act).

Este Reglamento como nuevo marco jurídico pretende estar en la vanguardia ante la realidad tecnológica actual. Como ahora pasaremos a analizar, pretende regular a las mayores plataformas en línea. Su objetivo es mejorar el entorno para los usuarios y protegerlos de contenidos ilícitos, como los discursos de odio y la desinformación.

Se establecen una serie de obligaciones de diligencia exigibles a las diversas categorías de servicios de prestadores intermediarios; además de una gestión de riesgos para las grandes plataformas y una mayor transparencia de sus acciones. Por ende, se aplica a distintos servicios: motores de búsqueda, redes sociales, plataformas de compartición de videos, etc.

En particular, se garantiza a los menores y los usuarios vulnerables por el riesgo de ser víctimas de: discurso del odio, conductas discriminatorias, desinformación, acoso sexual, etc.

De cara al cumplimiento de las normas que se incorporan, se debe establecer una estructura de supervisión específica en cada Estado miembro —un organismo público—. Junto a ello, se creará la Junta Europea. Esta, será el órgano consultivo permanente con miembros expertos, coordinadores nacionales y miembros de la Comisión; al desempeñar un importante papel en la aplicación de la DSA.

Parece lógico que el éxito de la norma se producirá con un auténtico diálogo continuo entre agentes del sector privado y el sector público, además de una red de expertos de distintas ciencias[1]. El anhelado propósito de la UE de una soberanía digital europea pasará por la eficacia del cumplimiento normativo.

La meta principal será que los prestadores de servicios intermediarios —dada su importancia— atesoren un comportamiento diligente para la creación de un entorno predecible. A su vez, que los usuarios como consumidores, puedan ejercer los derechos garantizados en la Carta de Derechos[2], junto a los que recogen las distintas constituciones. Sobre la base de este conjunto específico de normas uniformes de obligado cumplimiento en el ámbito de la Unión.

Los titulares obligadores son los prestadores de servicios intermediarios, a saber, aquellos de mera transmisión, de memoria caché o de alojamiento de datos. En todos, desgraciadamente, la propagación de actividades ilícitas puede darse. Las normas se aplicarán con independencia del lugar de establecimiento de los prestadores de servicios intermediarios, o exista una conexión sustancial con la Unión.

Debe señalarse que las obligaciones de diligencia debida —que son independientes de la responsabilidad— dependerán del tamaño y la naturaleza del servicio intermediario de que se trate. Ya que las plataformas en línea y los motores de búsqueda de muy gran tamaño tendrán unas obligaciones adicionales.

Para empezar, los prestadores de servicios intermediarios deben designar un punto único de contacto para los destinatarios del servicio. Asimismo, deben actualizar las condiciones generales por motivos de transparencia, especialmente si está dirigida o es utilizada por menores. Cuando los prestadores de servicios hagan cumplir determinadas restricciones —

---

1.   A juicio del autor, «para que Reglamento DSA funcione es necesario desarrollar una comunidad de compliance que englobe no sólo a los reguladores, sino también a los usuarios de las plataformas, los investigadores, la sociedad civil y las empresas tecnológicas». En Barrio, M.: «El Reglamento Europeo de Servicios Digitales ya está en vigor: ¿y ahora qué?» Blog Abogacía General, 19 de febrero de 2024. https://www.abogacia.es/publicaciones/blogs/blog-de-innovacion-legal/el-reglamento-europeo-de-servicios-digitales-ya-esta-en-vigor-y-ahora-que/

2.   Para una mayor comprensión, *vid.* López Guerra, L.: La evolución del sistema europeo de protección de derechos humanos, *Teoría y realidad constitucional*, n.º 42, 2018 (Ejemplar dedicado a: Tribunal Europeo de Derechos Humanos).

como la moderación de contenidos— deben actuar de manera no arbitraria y teniendo en cuenta los derechos e intereses legítimos de los destinatarios de ese servicio.

A continuación, observamos algunas normas de responsabilidad. En general, son de la tipología de «hacer» más que de «no hacer algo», ya que no se exigirá responsabilidades, tal y como, las concebimos comúnmente. Esto es, se exencionará de responsabilidad, en los casos en que el prestador desempeñe un papel neutro y cumpla con las obligaciones de la DSA.

Ahora bien, en el caso de servicios de alojamientos de datos, en el momento que el prestador tenga conocimiento de actividades o contenidos ilícitos, ya sea por iniciativa propia o por notificaciones recibidas de usuarios, debe optar por retirarlos o bloquear el acceso. Deben tener siempre presente la posible vulneración de derechos fundamentales. Singularmente, el ejercicio de la libertad de expresión e información. Con todo, no se menciona la sujeción a una obligación de monitorización de carácter general o medidas proactivas en relación con los contenidos ilícitos.

Por otro lado, para garantizar un nivel adecuado de transparencia y rendición de cuentas, los prestadores de servicios intermediarios (obligadas las de muy gran tamaño) deben hacer público un informe anual de acuerdo con el Reglamento. En el mismo, deben recoger como moderan los contenidos y las medidas adoptadas de la aplicación y ejecución de sus condiciones generales.

Los prestadores de servicios de alojamiento de datos (con capacidad técnica u operativa) se sitúan en el Reglamento con un papel principal en la lucha frente a contenidos ilícitos. Para ello, deben establecer mecanismos de notificación y acción de fácil acceso y uso. El prestador decidirá si retirar o bloquear el acceso a dicho contenido teniendo presente los derechos fundamentales. Se habla en la DSA de un tratamiento oportuno, diligente y no arbitrario de las notificaciones, para la salvaguarda de los derechos fundamentales. Entre ellos se mencionan: la libertad de expresión e información, el derecho al respeto de la vida privada y familiar, el derecho a la protección de los datos personales, el derecho a la no discriminación y el derecho a la tutela judicial efectiva para el caso de los usuarios o destinatarios del servicio. Y, en el caso de la empresa, la libertad de empresa y la propiedad intelectual.

Por lo que se refiere a las garantías, se establece que el prestador debe comunicar al destinatario: la decisión (sea por contenido ilícito o sea incompatible por las condiciones generales); los motivos y las vías de recurso para impugnar la decisión.

Algo semejante ocurre con los prestadores de plataformas en línea, ya que están obligados a establecer sistemas internos de gestión de reclamaciones que cumplan con determinadas condiciones, al objeto de que sean accesibles, no arbitrarios y sujetos a revisión humana cuando se usen medios automáticos.

Se ofrece la posibilidad de una resolución extrajudicial sobre litigios de este tipo. En especial, cuando no se resuelva por los sistemas internos de gestión de reclamaciones.

Otra cuestión interesante, no exento de problemas prácticos, son los alertadores fiables —entidades que tiene esta condición que otorgan los coordinadores de servicios digitales del Estado miembro donde el solicitante este establecido—. Estos alertadores fiables actúan más rápido contra posibles contenidos ilícitos en las plataformas en línea. Junto a ello, publican informes comprensibles y detallados sobre las notificaciones enviadas. En cierta medida, el *Código de Conducta para la lucha contra la incitación al odio ilegal en internet* del 2016 ya recogía este tipo de alertas o mecanismos. Asimismo, no se impide que los prestadores acudan a otros mecanismos similares para actuar contra contenidos perjudiciales para los usuarios.

Dentro de estas consideraciones, se recogen las responsabilidades y obligaciones de transparencia informativa. Con ello, probablemente, se permitirá que la Comisión haga pública una base de datos que contenga las decisiones y declaraciones de motivos que los prestadores de plataformas en línea elaboran cuando bloquean o restringen contenidos ilícitos.

En relación con este tema, las plataformas en línea o motores de búsqueda en línea de muy gran tamaño —exceda del umbral operativo fijado en cuarenta y cinco millones usuarios *activos* que interactúen con información, comentando, compartiendo, comprando, etc.— deben desarrollar una evaluación de riesgos sistémicos en sus servicios. Se categorizan cuatro categorías de riesgos: la primera, la difusión de contenidos ilícitos o difusión de materiales de abuso sexual de menores o delitos de incitación al odio o la venta de productos o servicios prohibidos; la segunda, los efectos reales o previsibles para el ejercicio de derechos fundamentales —aquí se menciona el diseño de los sistemas algorítmicos utilizados—; el tercero, los efectos negativos reales o previsibles sobre procesos electorales o seguridad pública; y el cuarto, la manipulación con un efecto negativo real o previsible en la protección de la salud pública. Se puede resumir, en dos grandes riesgos: los contenidos o actividades ilícitas y la desinformación. Tal como se apunta en el Reglamento, se deben desplegar los medios necesarios para reducir diligentemente los riesgos sistémicos determinados en las evaluaciones de riesgos, respetando los derechos fundamentales. La propia Comisión podrá investigar infracciones por iniciativa propia, a través de solicitud al acceso de datos o realizando inspecciones. Podrá adoptar medidas de investigación, ejecución y medidas cautelares.

Así, pues, las obligaciones de diligencia debida son asimétricas, según el tamaño y la prestación del servicio. A las de muy gran tamaño se les obliga a mitigar los riesgos como la publicación de contenidos ilícitos o la difusión de *fake news*. Además de medidas adicionales de transparencia informativa. En lo que respecta al control, los coordinadores de servicios digitales serán los encargados de la aplicación del Reglamento a nivel de cada Estado miembro. Y, por supuesto, la Comisión que podrá intervenir y adoptar medidas, incluyendo, en su caso, multas económicas excepcionales.

A modo de síntesis, ante los riesgos que entrañan los servicios digitales se requería un marco jurídico que protegiese a los destinatarios de los correspondientes servicios y a las propias empresas se le ofreciese seguridad jurídica. Estas normas armonizadas deben proteger efectivamente los derechos fundamentales amparados en la Carta. A tal fin, se fijan normas sobre obligaciones específicas de diligencia debida adaptadas a las distintas categorías específicas de servicios, junto a la obligación de proporcionar información a las autoridades públicas. De la misma forma, los prestadores de alojamientos de datos deben establecer mecanismos de notificación ante posibles contenidos ilícitos.

3.2. LA LEY DE INTELIGENCIA ARTIFICIAL DE LA UE

La Ley de Inteligencia Artificial (en adelante Ley IA) es un reglamento europeo sobre inteligencia artificial[3]. La Ley IA de la UE entró en vigor el 1 de agosto de 2024, así que hablamos de un reglamento novedoso (hito regulatorio), con *miras* globales y con altas expectativas[4]. Se está desarrollando un comprobador de cumplimiento por parte de las instituciones europeas para prestar ayuda a las PYMES o *startups* europeas para comprender mejor si pueden tener alguna obligación legal. Tras la entrada en vigor, la Ley de IA se aplicará en los siguientes plazos: 6 meses para sistemas de IA prohibidos; 12 meses para IA de propósito general (conocidos como

---

3. Reglamento (UE) 2024/1689 del Parlamento Europeo y del Consejo, de 13 de junio de 2024, por el que se establecen normas armonizadas en materia de inteligencia artificial y por el que se modifican los Reglamentos (CE) n.º 300/2008, (UE) n.º 167/2013, (UE) n.º 168/2013, (UE) 2018/858, (UE) 2018/1139 y (UE) 2019/2144 y las Directivas 2014/90/UE, (UE) 2016/797 y (UE) 2020/1828 (Reglamento de Inteligencia Artificial).
4. Para conocer el recorrido de la propuesta, *vid.* Presno Linera, M. A.: «La propuesta de "Ley de Inteligencia Artificial" europea», *Revista de las Cortes Generales*, n.º 116, 2023, pp. 81-133.

GPAI); 24 meses para los sistemas de IA de alto riesgo según el Anexo III; 36 meses para los sistemas de IA de alto riesgo según el Anexo I.

La Ley de AI de la UE consta de 12 títulos con los correspondientes artículos, además de trece anexos.

Tras el Reglamento General de Protección de Datos del 2018, supone un avance importante en esta materia. Tanto que ya, está en el punto de mira de regulaciones en el ámbito de Iberoamérica.

El objetivo principal de la Ley IA es: «mejorar el funcionamiento del mercado interior mediante el establecimiento de un marco jurídico uniforme, en particular para el desarrollo, la introducción en el mercado, la puesta en servicio y la utilización de sistemas de inteligencia artificial (en lo sucesivo, "sistemas de IA") en la Unión, de conformidad con los valores de la Unión, a fin de promover la adopción de una inteligencia artificial (IA) centrada en el ser humano y fiable, garantizando al mismo tiempo un elevado nivel de protección de la salud, la seguridad y los derechos fundamentales consagrados en la Carta de los Derechos Fundamentales de la Unión Europea (en lo sucesivo, "Carta"), incluidos la democracia, el Estado de Derecho y la protección del medio ambiente, proteger frente a los efectos perjudiciales de los sistemas de IA en la Unión, así como brindar apoyo a la innovación».

Respecto a la Gobernanza en lo que respecta a su implementación efectiva, la creación de la Oficina de IA dentro de la Comisión servirá para supervisar a los proveedores del modelo GPAI. Se espera que se le otorguen determinadas competencias como: una evaluación en el cumplimiento cuando la información recabada, investigar riesgos sistémicos, etc.

A grandes rasgos, esta Ley clasifica las aplicaciones de IA en tres categorías de riesgos: las aplicaciones o sistemas inaceptables; las aplicaciones o sistemas de alto riesgo que estará sujeta a requisitos legales; y las aplicaciones no explícitamente prohibidas o catalogadas como alto riesgo que quedan sin regulación.

La mayor parte de este marco jurídico aborda los sistemas de IA de alto riesgo, y, en una sección más breve se ocupa de los sistemas de IA de riesgo limitado, sujetos a obligaciones de transparencia más leves. El riesgo mínimo, como avanzamos, no está regulado.

Según este marco jurídico, la mayor parte de las obligaciones recaen en los proveedores (desarrolladores) de sistemas de IA de alto riesgo. Estos son, los que pretender comercializar o poner en servicio sistemas de IA de alto riesgo en la UE, independientemente del país que tengan su sede, así como, proveedores de terceros países en los que el producto del sistema de IA de alto riesgo se desarrolla en la UE.

Los calificados en el texto legal como implantadores (usuarios) son los que despliegan un sistema de IA a título profesional, y al igual que lo anterior, los de alto riesgo tienen algunas obligaciones. Similar a lo anterior, se aplica a los usuarios ubicados en la UE y a los usuarios de terceros países en los que la producción del sistema de IA se utiliza en la UE.

En el artículo 5 se establecen los sistemas de IA prohibidos. Menciona entre ellos, aquellos sistema de IA que: realice un despliegue de técnicas subliminales, manipuladoras o engañosas para distorsionar el comportamiento y perjudicar la toma de decisiones con conocimiento de causa, causando un daño significativo; explotar las vulnerabilidades relacionadas con la edad, la discapacidad o las circunstancias socioeconómicas para distorsionar el comportamiento, causando daños significativos; sistemas de categorización biométrica que infieran atributos sensibles (raza, opiniones políticas, afiliación sindical, vida sexual u orientación sexual, etc.), excepto el etiquetado o filtrado de conjuntos de datos biométricos adquiridos legalmente o cuando las fuerzas de seguridad categoricen datos biométricos; establezcan una puntuación social, es decir, evaluar o clasificar a individuos o grupos basándose en comportamientos sociales o rasgos personales, causando un trato perjudicial o desfavorable a esas personas; cuándo evalúan el riesgo de que un individuo cometa delitos penales basándose únicamente en perfiles o rasgos de personalidad, excepto cuando se utilice para aumentar las evaluaciones humanas basadas en hechos objetivos y verificables directamente relacionados con la actividad delictiva; la compilación de bases de datos de reconocimiento facial mediante el raspado no selectivo de imágenes faciales de Internet o de grabaciones; inferir emociones en lugares de trabajo o centros educativos, salvo por razones médicas o de seguridad; y, la identificación biométrica remota (RBI) *en tiempo real* en espacios de acceso público para las Fuerzas de Seguridad a excepción de algunos casos que se indican.

A continuación, en el art. 6 se enmarcan los sistemas de IA de alto riesgo, que están sujetos a unos requisitos adicionales. Considera que son aquellos: que se utilizan como componente de seguridad o como producto cubierto por la legislación de la UE del Anexo I; o, aquellos del Anexo III con excepción de que sea una tarea procedimental limitada; que mejore el resultada de una actividad humana previamente realizada; o al detectar patrones de la toma de decisiones o desviaciones de patrones de toma de decisiones y no pretender sustituir o influir en la evaluación humana; al igual, se consideran aquellos que realizan perfiles de las personas —tratamiento automatizado de datos personales que evalúen aspectos de su vida—.

Entre los requisitos para los proveedores de los sistemas de alto riesgo se recogen de los arts. 8 a 17. Por destacar algunos de ellos, deben llevar a cabo una gobernanza de los datos —libres de errores—. Asimismo, deben elaborar documentación técnica que demuestre la conformidad y facilitarla a las autoridades. Más importante, el establecimiento de un sistema de gestión de riesgos a lo largo de la vida del sistema; y deben diseñar el sistema para permitir una supervisión humana y que alcance niveles óptimos de precisión, solidez y ciberseguridad. Junto al establecimiento de un sistema de gestión de la calidad para que se garantice todo el cumplimiento.

Para concluir este apartado, podemos subrayar que nos resulta interesante que haya ofrecido una definición de lo que es un sistema de IA (por cierto, similar a la de la OCDE):

> «A los efectos del presente Reglamento, se entenderá por: 1) "sistema de IA": un sistema basado en una máquina que está diseñado para funcionar con distintos niveles de autonomía y que puede mostrar capacidad de adaptación tras el despliegue, y que, para objetivos explícitos o implícitos, infiere de la información de entrada que recibe la manera de generar resultados de salida, como predicciones, contenidos, recomendaciones o decisiones, que pueden influir en entornos físicos o virtuales».

Capítulo 4

La regulación en nuestro ámbito nacional: fortalezas y debilidades

SUMARIO: 4.1. ¿EXISTE REGULACIÓN SOBRE IA EN ESPAÑA? ¿QUÉ FORTALEZAS Y DEBILIDADES UBICAMOS?

4.1. ¿EXISTE REGULACIÓN SOBRE IA EN ESPAÑA? ¿QUÉ FORTALEZAS Y DEBILIDADES UBICAMOS?

Como sucede en la mayoría de Estados miembros de la UE, el problema jurídico se plantea en que la transformación digital ejerce una influencia trasversal en distintas actividades de la sociedad y, también, en la actual poca previsión de la legislación vigente de este reto. Cabe recordar que en sus inicios las propias empresas tecnológicas pugnaron por una autorregulación o *soft law*. Es decir, su objetivo era operar al margen del ordenamiento jurídico.

Estos nuevos entornos tecnológicos y sociales han derivado en que crecientes voces reclamen seguridad jurídica tanto para los operadores como para los usuarios. Así las cosas, surgen nuevas Cartas de Derechos Digitales en algunos Estados europeos. La más relevante es la Declaración europea de Principios y Derechos Digitales de la UE que presentó la Comisión Europea en enero del año 2022.

La Carta de Derechos Digitales[1] en España, aun sin ser un texto con valor jurídico, desarrolla una descripción de algunos derechos instrumentales o auxiliares de los derechos fundamentales. Por ende, no tiene un carácter normativo, pero sí un reconocimiento de la adaptación de los derechos al contexto digital.

---

1.   Para un mayor estudio, *vid.* Cotino Hueso, L (coord.): *La Carta de Derechos Digitales*, Tirant lo Blanch, Valencia, 2022.

Tal y como se afirma en la introducción de la Carta, el objetivo «es descriptivo, prospectivo y asertivo. Descriptivo de los contextos y escenarios digitales determinantes de conflictos, inesperados a veces, entre los derechos, valores y bienes de siempre, pero que exigen nueva ponderación; esa mera descripción ayuda a visualizar y tomar conciencia del impacto y consecuencias de los entornos y espacios digitales. Prospectivo al anticipar futuros escenarios que pueden ya predecirse. Asertivo en el sentido de revalidar y legitimar los principios, técnicas y políticas que, desde la cultura misma de los derechos fundamentales, deberían aplicarse en los entornos y espacios digitales presentes y futuros».

Como hemos mencionado, esta Carta no tiene carácter normativo, sino un marco de referencia para la acción de los poderes públicos, mediante el reconocimiento de los retos de interpretación de los derechos al entorno digital. Podría decirse que es el primer paso para posteriormente regular mediante legislación relacionada con derechos digitales. Con esta Carta, tras un estudio previo por el Grupo de Expertos, se enumeran y se engloban los derechos fundamentales o derechos de rango ordinario con incidencia en el entorno digital.

Por tanto, la categoría que introducen sobre «derechos digitales» comprende no solo la actualización de derechos tradicionales para identificar en ellos nuevas facultades en el marco de la sociedad digital (por ejemplo, el derecho al olvido dentro del derecho fundamental a la protección de datos), sino también se aluden a otros posibles nuevos derechos, como el caso de la ciberseguridad o el acceso universal a internet. Por supuesto, las opiniones doctrinales y jurisprudenciales sobre estos «nuevos derechos» son divergentes, y en algunos casos —como es obvio— mencionan la necesaria reforma constitucional para introducir los mismos. Comoquiera, los retos y peligros de esta nueva revolución digital plantearán la necesidad de protegerlos dentro del ordenamiento jurídico constitucional.

En la actualidad, España ya cuenta con la Ley Orgánica 3/2018, de 5 de diciembre, de Protección de Datos Personales y garantía de los derechos digitales (la LOPDGDD) que establece determinada regulación de algunos de ellos[2].

Ahora bien, su objetivo principal, no era la elaboración de un proyecto de norma jurídica (algo que ha sido criticado), sino el de redactar un documento que pueda servir de referencia para una futura ley orgánica que

---

2.   Para un mayor estudio sobre el rango legal y el anclaje constitucional, *vid.* Rallo Lombarte, A.: «Una nueva generación de derechos digitales», *Revista de Estudios Políticos*, n.º 187, 2020, pp. 101-135.

actualice los derechos digitales, o se actualicen mediante una reforma constitucional. Sin embargo, también cumple con otras finalidades, como instrumento interpretativo y para un fomento activo de códigos de conducta hacia los poderes públicos. Por otro lado, permitirá —aunque con un *coto vedado*— el debate dogmático a antiguos y nuevos asuntos sobre los derechos digitales.

A partir de ahora, corresponde a los titulares de la iniciativa legislativa (esto es, fundamentalmente al Parlamento y al Gobierno según el art. 81.1 CE) promulgar una nueva legislación para desarrollar esa protección de los derechos digitales.

En la Carta se remarcan y se clasifican los derechos «digitales» del siguiente modo:

1) *Derechos de libertad.*

1.1) Derechos y libertades en el entorno digital.

1.2) Derecho a la identidad en el entorno digital.

1.3) Derecho a la protección de datos.

1.4). Derecho al pseudonimato.

1.5). Derecho de la persona a no ser localizada y perfilada.

1.6) Derecho a la ciberseguridad.

1.7) Derecho a la herencia digital.

2) *Derechos de igualdad.*

2.1) Derecho a la igualdad y a la no discriminación en el entorno digital.

2.2) Derecho de acceso a Internet.

2.3) Protección de las personas menores de edad en el entorno digital.

2.4) Accesibilidad universal en el entorno digital.

2.5) Brechas de acceso al entorno digital.

3) *Derechos de participación y de conformación del espacio público.*

3.1) Derecho a la neutralidad de Internet.

3.2) Libertad de expresión y libertad de información.

3.3) Derecho a recibir libremente información veraz.

3.4) Derecho a la participación ciudadana por medios digitales.

3.5) Derecho a la educación digital.

3.6) Derechos digitales de la ciudadanía en sus relaciones con las Administraciones Públicas.

4) Derechos del entorno laboral y empresarial.

4.1) Derechos en el ámbito laboral.

4.2) La empresa en el entorno digital.

5) Derechos digitales en entornos específicos.

5.1) Derecho de acceso a datos con fines de archivo en interés público, fines de investigación científica o histórica, fines estadísticos, y fines de innovación y desarrollo.

5.2) Derecho a un desarrollo tecnológico y un entorno digital sostenible.

5.3) Derecho a la protección de la salud en el entorno digital.

5.4) Libertad de creación y derecho de acceso a la cultura en el entorno digital.

5.5) Derechos ante la inteligencia artificial.

5.6) Derechos digitales en el empleo de las neurotecnologías.

Especial interés ofrecen, a nuestro juicio, estas dos cuestiones:

– Cuando hace referencia a la moderación de contenidos, en la Carta se menciona que a los usuarios, al ejercer su libertad de expresión e información mediante los servicios intermediarios, les corresponde las eventuales responsabilidades como autores por los contenidos ilícitos o aquellos que lesionen bienes o derechos de un tercero, en los términos previstos legalmente. En contraposición, los prestadores de servicios intermediarios no serán responsables si no han originado la transmisión, ni modificado o seleccionado los datos. Solo serán responsables por no actuar con diligencia para bloquear o retirar el contenido cuando tengan conocimiento efectivo de la ilicitud; o por exceder del alcance típico de la prestación del servicio.

– Al hacer mención de los derechos ante la IA, la Carta destaca que el enfoque debe estar enfocado en la dignidad de la persona. Para ello, se debe garantizar el derecho a la no discriminación, cualquiera que fuera su origen, causa o naturaleza, en relación con el uso y procesamiento de datos basados en IA. Además, se remarca la importancia de las condiciones de transparencia, auditabilidad, explicabilidad, trazabilidad, supervisión humana y gobernanza. Junto a ello, la accesibilidad, usabilidad y fiabilidad. Es decir, una relación al punto siguiente de las garantías. Ya que los usuarios podrán solicitar una supervisión humana e impugnar las decisiones automatizadas.

Por último, en atención a las garantías de los derechos en los entornos digitales, se mencionan en la Carta, la necesaria tutela administrativa y judicial, y especialmente, en el marco de relaciones con la Administración de Justicia, aquellos derechos relacionados con la IA como soporte de justicia predictiva. Asimismo, la promoción de mecanismos de autorregulación y procedimientos de resolución alternativos de conflictos. Además, una revisión de la legislación administrativa y procesal vigente para adecuarla al entorno digital.

Las futuras iniciativas legislativas o regulaciones que se produzcan tendrán que insertarse en el marco jurídico europeo. Tras el paso referencial e interpretativo previo mediante esta Carta, facilitará un enfoque de los derechos digitales basados en la dignidad de la persona. Y permitirá superar los principios éticos para conducir a reglas jurídicas que conlleven transparencia, auditabilidad, explicabilidad, trazabilidad, supervisión humana de las decisiones automatizadas basadas en IA.

Capítulo 5

El impacto de la Inteligencia Artificial hacia los derechos fundamentales

SUMARIO: 5.1. EL IMPACTO DE LA IA HACIA LOS DERECHOS FUNDA-MENTALES. 5.2. LA *CONSTITUCIONALIZACION* DE LA IA.

5.1. EL IMPACTO DE LA IA HACIA LOS DERECHOS FUNDAMENTALES

En líneas anteriores hemos analizado riesgos tras el uso de IA. Y, en algunos casos como afectan directamente a los derechos fundamentales. Al fin y al cabo, la IA es una tecnología emergente con riesgos existentes que requiere un análisis del impacto hacia los derechos fundamentales.

Un instrumento que almacena, procesa y analiza los datos masivos debe garantizar el cumplimiento en la protección de los derechos.

Reiteramos que la tecnología se diseña para interactuar con las personas, la cuestión del lenguaje será esencial. La IA vive de los datos insertos previos y al tomar decisiones o recomendaciones, puedo modificar el mismo entorno. Un impacto peculiar al comportamiento humano. Incluso podría afirmarse que se delegan funciones cognitivas del ser humano a la máquina, aunque esto es más discutible.

De ahí que el problema de la responsabilidad jurídica (incluso moral) se enmarañe: ¿Será la tecnología solo un medio o realmente decide inteligentemente por si sola?

Las tecnologías han venido a ser un medio para tomar la decisión y no la remplazan, aun con todo, la práctica ofrece dificultad de una distinción nítida entre la decisión humana y la decisión automatizada.

No quedará más remedio que una atención a discernir cómo se toman las decisiones y en qué condiciones las técnicas de IA son capaces de replicar la actividad cognitiva humana.

Como afirman los autores, el rompecabezas aumenta dada la evolución de la IA a la técnica del aprendizaje automático produce la transformación de un enfoque lógico-deductivo a un enfoque inductivo. La máquina aprende directamente de datos para tomar la decisión (distinto con el aprendizaje automático). Y más si le añadimos que no proporcionan las explicaciones o las causas a esas conclusiones, ya que simplemente parte de la estadística.

Parece evidente que, con el nuevo enfoque inductivo estadístico, se procesa una gran cantidad de datos a un tiempo mayor,

Tal es la influencia tecnológica en el comportamiento que,, la tecnología proporciona ya la base de información sobre la cual se tomarán las decisiones humanas. Una inversión de la máquina como medio a fin.

De ese modo, de cara a un elemento de verificación de justicia o idoneidad de las decisiones tomadas por el uso de IA, debe *instruirse* en los valores constitucionales.

Máxime si esa toma de decisiones se utiliza por un poder público. La comprensibilidad de ese uso de IA debe apartar los elementos fácticos y valorativos del proceso de toma de decisión. El debate, en consonancia, se abre en el nivel de objetividad exigible para una comprensión real de los fenómenos que suceden con la correlación de variables.

Sucede pues, que la mayoría de algoritmos en uso por las grandes plataformas tecnológicos son desconocidos por el público en general. No se sabe muy bien, si esa cantidad colosal de datos que poseen para establecer sus mediciones, están o no impulsados por un interés comercial. Son estas y otras preguntas, las que denotan una necesidad imperiosa de mayores obligaciones exigibles y diligentes a las grandes plataformas.

Sin una garantía de un consentimiento informado en sentido estricto sobre los datos, la difusión de desinformación, la publicidad engañosa, el oscurantismo de los algoritmos, no podremos ser optimistas y *enmarcarlo* como algo *válido* para el constitucionalismo digital.

Junto a lo anterior, su uso generalizado tanto en esferas del sector público como privado, conlleva automatizar acciones que llevan a cabo los seres humanos.

Se advierte principalmente en el Libro Blanco sobre IA (enfoque orientado a la excelencia y confianza) los peligros que pueden originarse y derechos que pueden verse afectados por el uso de sistemas basados en IA. Principalmente: la no discriminación; los derechos de consumidores y usuarios; el acceso a la justicia; la protección de datos y la privacidad; las libertades públicas.

Así pues, el uso de la IA afecta al ejercicio de concretos derechos fundamentales[1].

En lo que refiere a la doble dimensión de los derechos fundamentales y la IA, Presno Linera considera que en la dimensión subjetiva no supone una transformación «aunque sí pueden constituir una herramienta que maximice el haz de facultades en que los derechos fundamentales consisten»[2]. Coincidimos, en que la vertiente objetiva sí que esta profundamente afectada por la generalización de la IA. Se observa de manera explícita cuando se postula que las autoridades deben llevar a cabo evaluaciones de impacto sobre los derechos fundamentales antes de desplegar tecnologías de alto riesgo en decisiones del sector público. El principio de precaución[3].

Por ende, se constata que una de las preocupaciones es su regulación normativa y el establecimiento de principios éticos comunes. En esencia, sin ello no se pone límites a determinados riesgos que comporta la IA hacia los derechos. De ahí, que la IA deba ser analizada desde la óptica de los principios axiológicos y los valores democráticos[4].

Tal como comentamos, uno de los principales derechos fundamentales que requiere protección en este ámbito de la IA, es la libertad de expresión e información. Puesto que tiene implicaciones distintas a los medios tradicionales. Dada la función de los actores principales en el ciberespacio, las plataformas intermediarias, de desarrollar actividades internas de mode-

---

1. «la IA va a cambiar —es seguro que ya lo está haciendo— nuestras vidas y, en consecuencia, esa transformación afectará, según el trabajo de investigación del Consejo de Europa sobre algoritmos y derechos humanos, a un gran número, sino a la práctica totalidad, de nuestros derechos fundamentales». En Presno Linera, M. A.: Teoría general de los derechos fundamentales e inteligencia artificial: una aproximación, *Revista Jurídica de Asturias*, n.º 45, 2022, p. 57.

2. Presno Linera, M. A.: *op. cit.*, p. 65.

3. El principio de precaución usado por la Comisión Europea presupone que se identifican los efectos potencialmente peligrosos derivados del producto o proceso y que una evaluación científica no permite determinar el riesgo con la certeza suficiente.

4. En atención a los valores, *vid.* Díaz Revorio, F. J.: Los valores superiores del ordenamiento jurídico, en *González Hernández, E.; Rubio Núñez, R. (coords.); Pendás García, B (dir.) España constitucional (1978-2018): trayectorias y perspectivas*, Vol. 3, CEPC, Madrid, 2018.

ración de contenidos[5]. En consecuencia, el rol en la configuración de la libre expresión en Internet que ya se produce en las plataformas, requiere un papel atento y regulador por parte de los Estados. No exclusivamente en una valoración del contenido que emite o manifiesta el usuario, sino, en la hipotética responsabilidad que permiten la difusión y el acceso a los mismos por parte de terceros. En especial, las plataformas de alojamiento de contenidos. Como menciona Barata, «ese "hacer más", no solo se concreta en la necesidad de que colaboren con las autoridades en la detención y remoción de contenidos ilegales, sino también en el incentivo de la adopción de principios y estándares internos»[6]. Tema que ha comenzado a resolverse (el tiempo dirá hasta qué punto), mediante la comentada Ley de Servicios Digitales de la UE. Ya que podría llevar el caso, que las plataformas limitasen cualquier discurso que, aun siendo legal, tenga atisbos de nocividad. El impacto de las medidas de moderación y posible censura de contenidos por parte de estas plataformas, en un marco de tutela de la libertad de expresión[7] debe ser tenido especialmente en cuenta. Recordemos, como apunta Vázquez Alonso[8], la idea original de neutralidad de la red sirvió de fundamento para eximir de responsabilidades a las empresas de intermediación de contenidos que a través de ella sean difundidos. Ese ideal, progresivamente, «se ha ido considerando progresivamente como una opción disfuncional en el Derecho europeo»[9]. Máxime, por la relevancia material y su posición en el sistema de comunicación social de estos intermediarios. Por ende, una posición o asunción de estas corporaciones tecnológicas, dada esta comprensión jurídica, de naturaleza jurídica pública (foro), o al menos una dimensión híbrida, público-privada. Adoptando, a su vez, la doctrina consolidada sobre la eficacia de los derechos fundamentales en las relaciones entre particulares.

---

5. «Es innegable que estos actores se han convertido en poderosos guardianes o *gatekeepers* que controlan el acceso y las condiciones de uso de los principales foros de expresión. Los proveedores de alojamiento generalmente moderan los contenidos que albergan de acuerdo con una serie de reglas y principios internos, y por ello, de naturaleza privada». En Barata Mir, J.: Libertad de expresión, regulación y moderación privada de contenidos, *teoría&derecho*, 32, 2022, p. 93.
6. Barata Mir, J.: *op. cit.*, p. 98.
7. «No podemos olvidar tampoco que en el terreno de la protección regional e internacional de los derechos humanos ha ido surgiendo igualmente un corpus de nuevos estándares orientados a guiar el modo en el que los Estados deben respetar y proteger del derecho a la libertad de expresión en el entorno digital». En Barata Mir, J.: *op. cit.*, p. 107.
8. Vázquez Alonso, V. J.: La censura «privada» de las grandes corporaciones digitales y el nuevo sistema de la libertad de expresión, *teoría&derecho*, 32, 2022, pp. 111-112.
9. Vázquez Alonso, V. J.: *op. cit.*, p. 114.

El desafío actual, posiblemente, pasa por cifrar criterios jurídicos en ese umbral para juzgar las reglas de moderación que utilizan estas empresas o corporaciones tecnológicas. De inicio, la cuestión sería la siguiente: «si una democracia que considere que ha de asumir los riesgos del libre mercado de las ideas y no considere ilícito dicho discurso puede, sin embargo, obligar a las redes sociales a censurar el mismo tomando en consideración las características del medio digital y, en concreto, su potencial viral»[10]. Nos parece sensato que las reglas de moderación sean subsumibles a una idea de censura pública, y no de carácter privado.

En un escrito anterior de nuestra autoría[11] planteábamos la cuestión de si les debía corresponder a los poderes públicos y no a los servidores privados esa moderación del contenido peligroso. Y qué regulación jurídica podía ser idónea en la práctica. Considerábamos que era necesaria una serie de cargas y un deber de diligencia a los proveedores o plataformas tecnológicas, de cara a la salvaguarda de derechos fundamentales[12]. Principalmente, pusimos el foco en si hablábamos de una auténtica censura, es decir, si impedía el ejercicio legitimo a la libertad de expresión. Con unas conclusiones provisionales —dado el estado de investigación— reclamábamos que involucrar a los intermediarios en la depuración y eliminación de expresiones debía acordarse desde el respeto de los principios y valores del estado constitucional. Se proponía que cualquier restricción debía ser proporcional a los beneficios que reporta para la protección de otros intereses constitucionales, y que esa restricción debía fundamentarse en algo ilícito en términos legales. Y evidentemente, que los usuarios cuenten con las reglas claras del servicio en esa plataforma y los motivos que permiten la moderación de los contenidos expresivos que publican.

Otros derechos fundamentales en su relación con la IA, también requieren un estudio en profundidad, como la cláusula de conciencia de los periodistas[13]; o la intimidad y la propia imagen; la protección de datos[14]; etc.

---

10. *Ibidem.*, p. 119.
11. Al Hasani Maturano, A.: ¿Existe censura en la moderación de contenidos mediante algoritmos? En *Martín Herrera, D. (ed.): La inteligencia artificial y el control algorítmico de los derechos fundamentales*, Aranzadi, Navarra, 2024, pp. 145-155.
12. Al Hasani Maturano, A.: *op. cit.*, p. 148.
13. Para un estudio completo, *vid.* Oliver Araujo, J.: La «cláusula de conciencia» de los periodistas: un derecho en defensa de su dignidad profesional, *Revista de Derecho Político*, n.º 119, 2024, pp. 13-39.
14. Para una comprensión de los problemas actuales, *vid.* García Mahamut, R.: Elecciones, protección de datos y transparencia en la publicidad política: la apuesta normativa de la UE y sus efectos en el ordenamiento español, *Revista española de la transparencia*, n.º 17 (Extra 2023), 2023.

No con ello negamos que con el uso de *big data* e IA se desarrollará bienestar social. En ese punto, Galli y Sartor en un artículo[15] interesante apuntan a como mejorar la regulación mediante evaluación de los impactos públicas con IA —evaluaciones *ex ante* y ex post—. Permitiendo que mejoren la formulación lingüística, unas medidas adecuadas a los propósitos y que sean flexibles con las evoluciones sociales. A través de las técnicas de aprendizaje automático —construcción de modelos descriptivos y predictivos a partir de datos— se podrá adquirir nueva información.

Este cambio de paradigma debido a la revolución digital, genera nuevas o interpretativas facultades como parte del objeto de algunos derechos fundamentales. Lo que conducirá a cambios constitucionales o un desarrollo plasmado en leyes orgánicas. En suma, supone una transformación en la dimensión objetiva de los derechos fundamentales. La propia Carta de Derechos Digitales —aun sin carácter normativo—, se hace *eco* de este aspecto, la adaptación de los derechos al entorno digital.

5.2. LA *CONSTITUCIONALIZACION* DE LA IA

Como se ha puesto de relieve, los términos del juego político y constitucional están cambiando como consecuencia de la IA y el desarrollo tecnológico. Ha modificado incluso la relación social de los seres humanos o la forma de producir y trabajar.

El constitucionalismo actual estaba vinculado al Estado, una corriente filosófico-jurídica que tenía como fin limitar y controlar el poder del Estado. Sin embargo, la IA esta trastocando los sistemas constitucionales internos. A parte del carácter supraestatal o global, el ámbito constitucional no previa este desarrollo tan profundo. Tanto es así, que ya se reconoce que las redes sociales y aplicaciones pueden considerarse parte del espacio público, o público-privado.

Asimismo, la desinformación y manipulación electoral o de procesos de participación política, la propia restricción de la libertad de expresión, el capitalismo de vigilancia o el tratamiento de datos sin consentimiento son algunas de las distintas afectaciones a derechos fundamentales.

La constitución se desplaza progresivamente. «Una marginación que es al mismo tiempo formal y material. Formal por lo que se refiere a los propios procesos comunicativos, especialmente a través de las redes sociales y de

---

15.   Galli, F.; Sartor, G.: L'utilizzo dei big data e dell'IA per una migliore qualità della regolamentazione, *Osservatorio sulle Fonti*, Speciale - Tecnica legislativa ed innovazione tecnologica (2/2022).

las aplicaciones de Internet, que resultan cada vez más incoherentes cuando no incompatibles con la cultura constitucional. Material por lo que se refiere a los contenidos de los debates en el espacio público cada vez más alejados de los principios y valores constitucionales» [16].

Las asimetrías entre el mundo físico y el mundo digital, llevan a planteamientos o pautas distintas desde una visión jurídica. Por supuesto, que hay normas jurídicas que pueden seguirse aplicando al mundo digital, pero requieren de planteamientos o de hipótesis distintas. En esa línea, alude Balaguer Callejón lo siguiente: «el país de los algoritmos actualmente no es país para juristas porque la realidad digital se inspira en principios muy diferentes de los que han fundamentado hasta ahora nuestra cultura jurídica y específicamente nuestra cultura constitucional» [17]. La constitución analógica plantea unos valores y principios que deben desarrollarse en la constitucionalización de la IA.

En cierta medida, los ecosistemas digitales han *tomado* el control del espacio comunicativo de los medios de comunicación tradicionales; del espacio público de la ciudadanía; y la distorsión del derecho público —tal y como lo entendemos—.

La transformación a través de procedimientos y técnicas digitales novedosas, debilitan elementos democráticos. Y, preocupante, se alejan de los derechos constitucionales. Algunos autores se posicionan en que, la finalidad última de los algoritmos no es pensar en la sociedad, sino en el beneficio de los grandes agentes globales. Otros autores [18], a pesar de reflexionar sobre la dificultad de una elaboración teórica, defienden un ejercicio hermenéutico de las constitucionales analógicas y consideran favorable esta transformación a una *libertad* informática.

Sin la defensa del pluralismo y los valores constitucionales no habrá narrativa en defensa de la IA [19]. «En la tensión entre el mundo digital y el

---

16. Balaguer Callejón, F.: «Inteligencia artificial y cultura constitucional», en *Balaguer Callejón, F.; Wolfgang Sarlet, I. (dirs.): Derechos Fundamentales y Democracia en el constitucionalismo digital*, Aranzadi, Navarra, 2023, p. 56.
17. Balaguer Callejón, F.: *op. cit.*, p. 59.
18. El autor aboga por interpretar en base al impacto en los derechos. En Frosini, T. E.: Constitucionalismo tecnológico, en *Balaguer Callejón, F.; Wolfgang Sarlet, I. (dirs.): Derechos Fundamentales y Democracia en el constitucionalismo digital*, Aranzadi, Navarra, 2023, pp. 67-87.
19. «el respeto máximo a la dignidad de los hombres debe ser el punto de partida para los distintos agentes, públicos o privados, que vayan a intervenir en la definición de la realidad jurídica que envuelva a la IA y su concreto diseño y despliegue, tanto a nivel nacional como supranacional». En Gutiérrez García, E.: *Inteligencia artificial y derechos fundamentales: Hacia una convivencia en la era digital*, COLEX, 2024, p. 37.

físico, la cultura constitucional debe ofrecer su capacidad de ordenación, basada en los derechos fundamentales para convertir esa dialéctica en un factor productivo que permita promover nuevos desarrollos civilizatorios»[20].

Como alude Balaguer Callejón «es posible proponer una narrativa específica para el constitucionalismo digital que permita reafirmar los valores y principios constitucionales frente a los efectos perjudiciales del desarrollo tecnológico que están vinculados al modo de negocio y los intereses económicos de las grandes compañías tecnológicas»[21].

De ahí que este autor acuñe el término *constitucionalización del algoritmo*, en el sentido de promover una coherencia con los valores y principios constitucionales, por las rupturas que provoca o afecta a los derechos fundamentales y la democracia pluralista.

Numerosas facetas de nuestra vida cotidiana se ven influidas por la IA —por ende, los algoritmos—. Las grandes empresas tecnológicas estigmatizan la entrada del derecho constitucional y del derecho público, dado su modelo de negocio. Ha llegado el punto de limitar a un gran poder en aquellos servicios peligrosos para los ciudadanos. Para ello, «No se trata simplemente de añadir nuevos preceptos a la "constitución analógica" para regular los algoritmos y la realidad virtual, sino de asumir los profundos cambios que la realidad digital supone para la propia constitución»[22].

Necesaria también una educación digital que contemple, no exclusivamente los procesos tecnológicos y sus aplicaciones, sino el conjunto de derechos susceptibles de ser vulnerados y las garantías que el ordenamiento jurídico ofrece.

A modo de recordatorio, dada la importancia de la libertad de expresión. Ya que es condición necesaria para el ejercicio de otras libertades fundamentales y a su vez es un derecho primario fundamental. Las opiniones, expresiones o manifestaciones de los ciudadanos en ocasiones son restringidas por los algoritmos. El problema principal, no es que exista una moderación de contenidos realizada por las propias plataformas privadas, sino una comprensión sobre la base de cómo se ha realizado y los mecanismos de garantías a los usuarios —el conocido problema de la caja negra—.

---

20. Balaguer Callejón, F.: *op. cit.*, p. 66.
21. Balaguer Callejón, F.: *La constitución del algoritmo*, Fundación Manuel Giménez Abad de Estudios Parlamentarios y del Estado Autonómico, Zaragoza, 2022, p. 188.
22. Balaguer Callejón, F.: *op. cit.*, p. 201.

Otras cuestiones que afectan a los derechos de expresión son la priorización de noticias o el funcionamiento de los buscadores. En la actualidad, los actores que organizan y proponen información a los usuarios son generalmente los buscadores y las redes sociales, transformando lo que hasta día de hoy calificábamos como profesionales de la información. Del célebre pluralismo informativo, con las funciones IA tales como las burbujas filtrantes o las *newsfeed* se traslada a un pluralismo limitado a los gustos y preferencias del usuario individual[23].

Sin embargo, consideramos positiva la evolución del marco normativo europeo. Este va desde unos pasos iniciales de regulación inspirada en la idea de confianza hacia la IA a una reciente legislación que considera los riesgos de la misma y, por tanto, bajo un control de autoridades por parte de los Estados miembros. Sin obviar, el paso intermedio con la inspiración del Libro Blanco.

A pesar de que consideramos que la UE está en la vanguardia regulatoria (al menos con un modelo original), probablemente surjan inconvenientes para una práctica eficaz.

Dentro de la estrategia común europea se ha concebido una distinta temática regulativa. Principalmente, dentro de ámbito del derecho público hemos indicado el Reglamento de Inteligencia Artificial y el Reglamento de Servicios Digitales.

De ahí que se preste una atención a cómo se ha configurado los impactos hacia los derechos y las respuestas que ofrece este marco normativo. Principalmente, lo que respecta a la responsabilidad y las obligaciones de diligencia exigibles y al control de contenidos.

En síntesis, se observa un cambio sustancial regulatorio en el ámbito de la Unión. Los modelos *laissez faire* consensuados por las grandes plataformas tecnológicas se han visto superados por un modelo preventivo (no el prototípico dentro de la ciencia jurídica) que se orienta al cumplimiento de los derechos esenciales de la Carta y el Convenio.

Con ello, se quiere, al menos, garantizar los procesos de transparencia y responsabilidad en el uso de IA por parte de las plataformas ante eventuales lesiones a los usuarios.

Todo ello marca un camino de Gobernanza de Internet. Tal como conceptuó por el Grupo de Trabajo de las Naciones Unidas como: «El desarrollo

---

23. Una crítica hacia esa democracia burbuja. En Reale, C. M; Tomasi, M.: *op. cit.,* pp. 329-332.

y aplicación por los gobiernos, el sector privado y la sociedad civil, en sus respectivas funciones, de principios, normas, reglas, procedimientos de toma de decisiones y programas comunes que configuran la evolución y el uso de Internet».

Si bien, esta investigación aboga a un análisis profundo *a posteriori*, podemos resumir las siguientes cuestiones. A partir de la línea principal metodológica utilizada, la dogmática y normativa, observamos:

– El *inatajable* progreso o desarrollo tecnológico requiere una observación para discernir si encaja con los enfoques dogmáticos consensuados por la mayoría sobre la Teoría General de los Derechos Fundamentales. Desde una visión analítica, la ciencia jurídica se cuestiona: si se requiere una actualización de esos postulados o deben ser modificados por otros nuevos.

– Si pensamos en determinados derechos fundamentales como la protección de datos, el ejercicio de la libertad de expresión, intimidad, etc. Son susceptibles de una vulneración —persistente en ocasiones— por el uso o la utilización de la IA.

– Cierto, que el creciente desarrollo tecnológico de la IA, ya genera respuestas jurídicas por parte de los Poderes Públicos. Esto es, en la actualidad, se observa un claro desarrollo legislativo a determinados derechos fundamentales relacionados o con incidencia derivado del uso de IA. Incluso replanteamientos institucionales.

– Tal es, esa transformación o impacto social que se requiere una atención *cuidadosa* por parte de la ciencia jurídica y social —en sentido genérico—. Y, por supuesto, por parte del derecho público, en sentido específico.

– En resumidas cuentas, esta nueva realidad tecnológica debe aspirar al bienestar humano, sin que con ello socave las libertades cívicas y derechos fundamentales consagradas por el constitucionalismo. No por ello, será algo simple.

– Como nadie ignora, sin esa concienciación por parte de los operadores y estudiosos del ámbito jurídico, como también la *puesta en punto* de los representantes políticos, tendrá como consecuencia, algunos problemas múltiples que afectarán a la sociedad en su conjunto, y al individuo como tal. Al fin y al cabo, el binomio derechos y nuevas tecnologías es una cuestión de una enorme complejidad y que no haya respuestas rotundas.

- Las conceptualizaciones iniciales y características sobre la IA provienen originariamente de los estudios de la ciencia computacional y matemática, pues en ese campo las investigaciones han dado sus frutos prácticos, en herramientas o usos tales como la de: los algoritmos, la ciencia de datos, el aprendizaje de las máquinas (machine learning), etc.

- A pesar de que en el ámbito comunitario, la *Ley* sobre IA haya realizado esfuerzos por una definición de IA, no existe de modo global, un concepto unívoco que determine sus características. En concreto, en su art. 3 de define «sistema de IA», como: «*un sistema basado en máquinas que está diseñado para funcionar con diversos niveles de autonomía y que puede mostrar capacidad de adaptación tras su despliegue, y que, para objetivos explícitos o implícitos, infiere, a partir de la entrada que recibe, cómo generar salidas tales como predicciones, contenidos, recomendaciones o decisiones que pueden influir en entornos físicos o virtuales*». A su vez, recoge en este mismo artículo, otros términos o conceptos relacionados directa o indirectamente con esta tecnología como son: riesgo, proveedor, implantador, importador, distribuidor, *deep fake*, datos de entrada, datos biométricos, etc.

- Como hemos expresado, la IA entendida como comportamiento que permite almacenar, procesar y analizar de forma óptima los datos masivos, se visualiza en numerosos acontecimientos de nuestra vida cotidiana: aplicaciones móviles, en el acceso o compartición de datos a una red social, en una compra por internet, etc. Puede ir desde la traducción de un texto a bloquear un correo spam.

- De ahí que, la IA conlleva unos beneficios o facilita avances sociales, aunque a su vez, produce riesgos o vulneraciones hacia los derechos fundamentales de los ciudadanos (especialmente en el hecho de no disponer de los mismos, lo que afecta a su objeto). O si se quiere, la IA tiene unas implicaciones ético-jurídicas.

- En esa trascendencia social no podemos perder la vista a una dimensión constitucional de la IA. Esta debe contemplarse rigurosamente desde la óptica de la democracia y los principios axiológicos. Estas grandes plataformas tecnológicas de IA poseen un gran control de información y datos, tal es, que podrían desequilibrar los sistemas democráticos. El recurso a los sistemas de IA, más aún si la utilizan las Administraciones Públicas, debe velar y promover el libre desarrollo de la personalidad.

- No tenemos tan claro hasta qué punto existe una clara concienciación social de la pérdida de tales derechos. O si somos capaces de limitar o restringir el uso de IA, o conocer sus peligros. Sin una educación tecnológica será un camino perdido.

- Si ponemos el foco en la relación IA/Derechos fundamentales, nos conduce a dos cuestiones: por un lado, los principios estructurales del estado deben permear a la IA; y, por otro lado, habrá nuevas facultades que se interpreten como parte del objeto de determinados derechos fundamentales ya reconocidos o que requieren una introducción en las constituciones —con la opción de reforma—.

- Aquí surge el interesante y reciente debate, entre los que abogan por una transformación constitucional, o en cambio por los que abogan por una adaptación constitucional a ello. Nos posicionamos más en esta última opción.

- En suma, las decisiones, pronósticos o recomendaciones que toman esos sistemas de IA interfieren en nuestro ámbito o esfera de libertad, que tiene un impacto en el comportamiento humano, por ese motivo, la sociedad debemos *poner barreras* a que el uso repercuta negativamente.

- No solo eso, sino la dificultad de atribuir responsabilidad. Por una parte, la dificultad de comprensión algorítmica de las decisiones; y, por otra, los elementos fáctico-valorativos que han construido esa decisión.

- La idea de comprensibilidad de los elementos *ex ante* y *ex post* del proceso algorítmico en el uso de la IA será un elemento que deba instar a futuras acciones de responsabilidad. Una traducción del lenguaje tecnológico al lenguaje vehicular. Al igual, que sea cognoscible, esto es, que sea revisable.

- En esta dicotomía hombre/máquina, la transformación o adaptación constitucional será necesaria, sin que, con ello, se sustituya la normatividad constitucional por meros principios ético. Ni tampoco, reformar por completo las constituciones. En síntesis, que el contenido constitucional este inmerso en los procesos del uso de la IA, para que las decisiones sean acordes con nuestras democracias.

La evolución del marco normativo europeo va desde unos pasos iniciales de regulación inspirada en la idea de confianza hacia la IA a una reciente legislación que considera los riesgos de la misma y, por tanto, exige un leve control de autoridades de los Estados miembros. Sin obviar, las recomendaciones ya iniciadas con el Libro Blanco. Opta de ese modo, por una gobernanza desde el planteamiento de la excelencia y la confianza (pese que el concepto nos recuerda la idea de usuario consumidor más que un ciudadano) en la IA.

A pesar de que consideramos que la UE está en la vanguardia regulatoria (al menos con un modelo arriesgado y original), su eficaz utilidad se verá en la práctica. Con una atención puesta al Reglamento de Inteligencia Artificial y al Reglamento de Servicios Digitales.

De hecho, el Reglamento de IA establece unas normas armonizadas que no regula completamente las cuestiones jurídicas, pero establece la ida clave de un sistema de *compliance* o cumplimiento normativo que evite responsabilidades. En su articulado establece para los sistemas de IA de alto riesgo unas diligencias exigibles. Por ende, se observa un cambio sustancial regulatorio en el ámbito de la Unión.

Los modelos *laissez faire* consensuados por las grandes plataformas tecnológicas se han visto superados por un modelo preventivo (no el prototípico dentro de la ciencia jurídica) que se orienta al cumplimiento de los derechos esenciales de la Carta y el Convenio.

Con ello se quiere, al menos, garantizar los procesos de transparencia y responsabilidad en el uso de IA por parte de las plataformas ante eventuales lesiones a los usuarios.

Lo que marca un hito de Gobernanza de Internet. Tal como conceptuó por el Grupo de Trabajo de las Naciones Unidas como: «*El desarrollo y aplicación por los gobiernos, el sector privado y la sociedad civil, en sus respectivas funciones, de principios, normas, reglas, procedimientos de toma de decisiones y programas comunes que configuran la evolución y el uso de Internet*».

Sin una correcta delimitación del objeto, contenido, eficacia y garantía de los derechos fundamentales ante esta nueva realidad digital, la regulación que lo desarrolle y la praxis interpretativa será ineficaz. El uso de IA debe orientarse al cumplimiento de los derechos esenciales en las democracias europeas.

Se hallan novedades regulatorias, donde se garantiza los procesos de transparencia y responsabilidad del uso de la IA por parte de las plataformas tecnológicas, ante eventuales lesiones a los usuarios. No obstante, estos procesos deben orientarse al cumplimiento de los derechos esenciales en las democracias europeas.

Capítulo 6

Conclusiones

Tras el estudio en los apartados anteriores, hemos observado que el régimen normativo de la cuestión tecnológica parte de una adaptación de determinados paradigmas tradicionales jurídicos. Dicho esto, este ecosistema digital necesita la incorporación al Derecho Público, de nuevos principios y criterios propios del mismo. No tan solo, por los retos que plantea a la sociedad, sino, por sus dificultades de aplicación y su carácter global y estructura descentralizada.

A día de hoy, conviven tratados internacionales, normas europeas y nacionales y la propia autorregulación. Este sistema híbrido deberá ir resolviendo los problemas jurídicos que se vayan gestando. Quizás, como apunta Barrio Andrés, decantarse por unos principios generales comunes que inspiren y estructuren el sistema, conllevaría un sistema más coherente.

Hemos tratado la cuestión como una revolución tecnológica y de datos (*big data*), resultado de reorganizaciones e invenciones, lo que necesariamente conlleva un cambio de paradigma en la sociedad. Dicho esto, surgen varios interrogantes ante los retos sociales, éticos y jurídicos que plantea esta revolución digital.

A modo de ejemplo, la desinformación y manipulación electoral de procesos de participación política, la propia restricción de la libertad de expresión, el capitalismo de vigilancia o el tratamiento de datos sin consentimiento son algunas de las distintas afectaciones a derechos fundamentales.

Se observa que la implantación de IA en las sociedades afecta tanto a la libertad negativa como libertad positiva; a la participación política; a la libertad de expresión; y a la propia esencia de democracia. Por ello, hemos apuntado que estos desarrollos tecnológicos, mediante el uso de la IA, genera unas implicaciones en el ámbito de la vigencia de los derechos fundamentales y el control del poder. No solo por la acumulación masiva de datos, sino por el control de los discursos. U otras cuestiones interesantes. En esencia, los profundos cambios requieren certeza y seguridad jurídica. Y la respuesta pasa por una reflexión desde el derecho y, especialmente, por el Derecho Constitucional y el Derecho Público.

En otros términos, la IA resulta eficiente, conveniente y rentable (en especial, a las empresas tecnológicas) que parece eclipsar la necesidad de comprenderla, obviando nuestra privacidad y datos más íntimos.

A través del Libro Blanco se propugnó un desarrollo de la IA seguro y fiable, no obstante, con un respecto a los valores y derechos de los ciudadanos de la UE. A modo general, un ecosistema de excelencia en una colaboración público-privada; y un ecosistema de confianza que vele por el cumplimiento de las normas de la UE, con un enfoque antropocéntrico.

La UE reclama una mayor autoridad política sobre los intereses corporativos al introducir esta novedosa legislación para regular las plataformas de redes sociales con la Ley de Servicios Digitales y la Ley de IA. A parte de que sirve a la agenda de la UE sobre soberanía digital, le permite un mínimo control de las grandes empresas con sede en otros Estados. A grandes líneas, la narrativa es la siguiente: lo que es ilegal en el mundo analógico debe serlo en el mundo digital, las plataformas no pueden estar fuera del control público ya que hay consumidores, y, se deben desarrollar procedimientos democráticos con estos estándares para actuar sobre el contenido dañino e ilegal. No resta que la aplicación de normas públicas a través de procesos privados se vea por parte de las empresas como una censura gubernamental, y por parte, de los consumidores como algo que se verá si realmente funciona.

El objetivo no es otro que lograr un marco regulatorio equilibrado y compatible con los derechos fundamentales para la responsabilidad de las plataformas dentro de la UE.

El Reglamento de Servicios Digitales (DSA) como nuevo marco jurídico pretende estar en la vanguardia ante la realidad tecnológica actual. En concreto, pretende regular a las mayores plataformas en línea. Su principal objetivo es mejorar el entorno para los usuarios y protegerlos de contenidos ilícitos, como los discursos de odio y la desinformación. Ciertamente, ante los riesgos que entrañan los servicios digitales se requería un marco jurídico que protegiese a los destinatarios de los correspondientes servicios y a las propias empresas se le ofreciese seguridad jurídica. Estas normas armonizadas deben proteger efectivamente los derechos fundamentales amparados en la Carta. A tal fin, se fijan normas sobre obligaciones específicas de diligencia debida adaptadas a las distintas categorías específicas de servicios, junto a la obligación de proporcionar información a las autoridades públicas. De la misma forma, los prestadores de alojamientos de datos deben establecer mecanismos de notificación ante posibles contenidos ilícitos.

En los servicios digitales existe un continuo abuso por parte de terceros para la difusión de contenido o actividades ilícitas, por ello, era necesario el marco jurídico de esta *ley* de servicios digitales. Con esta propuesta legislativa se desarrolla una exención de responsabilidades a los proveedores de servicios de intermediación junto a unas normas sobre obligaciones específicas de diligencia debida adaptas a distintas categorías específicas. Los prestadores de servicios de intermediación serán aquellos que ofrecen sus servicios en el territorio de la UE con independencia del lugar de su establecimiento o residencia. O, en el caso que tenga una conexión sustancial con la UE —concepto indeterminado que requerirá de una interpretación por parte del TJUE—.

Del mismo modo, les impone a esas grandes plataformas la designación de un representante legal en la UE, a efectos de una colaboración con los poderes públicos de la UE.

Uno de los problemas que hemos vaticinado será la facilidad de censura o represión al ejercicio de la libertad de expresión. Ya que dejar en manos la espinosa cuestión de moderar o suprimir contenidos, por parte de algoritmos, a las plataformas, que quizás no sean ilícitos, fomenta una censura injustificada. Recordemos que los Estados delegan en las grandes plataformas digitales el control de la publicación de contenidos ilegales. Con ello, están delegándoles un control semi-público de lo que es *ilegal*. Lo que, por una parte, les permite recurrir para evitar responsabilidades a sus herramientas automatizadas de control. No obstante, a su vez hace posible la eliminación de contenidos perfectamente legales o el bloqueo de usuarios, con una rendición de cuentas o explicación mínima.

La vía de notificación de fácil acceso y manejo por parte de los usuarios de posibles contenidos ilícitos conllevará una adecuada fórmula para proteger los intereses. Más, cuando el prestador del servicio tendrá conocimiento efectivo del contenido informado, aunque, esto llevará a una eliminación rápida por parte del prestador del servicio para no perder la exención de posibles responsabilidades. Pese a que tenga que informar de la decisión y del motivo de la actuación y las posibles vías para recurrir esa decisión de retirada o bloqueo del contenido. Se aporta así algo de garantía para los intereses legítimos de los intervinientes. Además, a las de muy gran tamaño se les exige un estándar más alto de transparencia.

La figura de los alertadores fiables se trata, más bien, de una ventaja hacia las plataformas y no tanto a los usuarios. Su competencia principal es detectar, identificar y notificar contenidos ilícitos. Comportarán la tramitación y resolución de forma prioritaria.

A su vez, las disposiciones que se aplicarán a las plataformas en línea de muy gran tamaño para gestionar los riesgos sistémicos. Por ejemplo, las grandes plataformas deben permitir al Coordinador de Servicios Digitales, el acceso a los datos necesarios para una evaluación del cumplimiento de las normas.

Por otro lado, la Ley de Inteligencia Artificial tiene como meta, mejorar el funcionamiento del mercado interior mediante el establecimiento de un marco jurídico uniforme, en particular para el desarrollo, la introducción en el mercado, la puesta en servicio y la utilización de sistemas de inteligencia artificial en la Unión, de conformidad con los valores de la Unión. En suma, la adopción de una IA centrada en el ser humano y fiable, garantizando al mismo tiempo un elevado nivel de protección de la salud, la seguridad y los derechos fundamentales consagrados en la Carta de los Derechos Fundamentales de la Unión Europea. Respecto a la Gobernanza, la creación de la Oficina de IA dentro de la Comisión servirá para supervisar a los proveedores del modelo GPAI. Se espera que se le otorguen determinadas competencias como: una evaluación en el cumplimiento cuando la información recabada, investigar riesgos sistémicos, etc.

Otra cuestión, es la clasificación que realiza la Ley de las aplicaciones de IA. Lo hace en tres categorías de riesgos: las aplicaciones o sistemas inaceptables; las aplicaciones o sistemas de alto riesgo que estará sujeta a requisitos legales; y las aplicaciones no explícitamente prohibidas o catalogadas como alto riesgo que quedan sin regulación.

La mayor parte de este marco jurídico aborda los sistemas de IA de alto riesgo, y, en una sección más breve se ocupa de los sistemas de IA de riesgo limitado, sujetos a obligaciones de transparencia más leves. El riesgo mínimo no está regulado.

Asimismo, también resulta interesante que la Ley de IA haya ofrecido una definición de lo que es un sistema de IA (por cierto, similar a la de la OCDE): «(…) un sistema basado en una máquina que está diseñado para funcionar con distintos niveles de autonomía y que puede mostrar capacidad de adaptación tras el despliegue, y que, para objetivos explícitos o implícitos, infiere de la información de entrada que recibe la manera de generar resultados de salida, como predicciones, contenidos, recomendaciones o decisiones, que pueden influir en entornos físicos o virtuales».

Como sucede en la mayoría de Estados miembros de la UE, el problema jurídico se plantea en que la transformación digital ejerce una influencia trasversal en distintas actividades de la sociedad y, también, en la actual poca previsión de la legislación vigente en los Estados. Cabe recordar que en sus inicios las propias empresas tecnológicas pugnaron por una autorregulación o *soft law*. O sea, su objetivo era operar al margen del ordenamiento jurídico. Ahora bien, las crecientes voces reclaman seguridad jurídica tanto para los operadores como para los usuarios. Así las cosas, surgen nuevas Cartas de Derechos Digitales en algunos Estados europeos. La más relevante es la Declaración europea de Principios y Derechos Digitales de la UE que presentó la Comisión Europea en enero del año 2022. En atención a España, encontramos la Carta de Derechos Digitales, aun sin ser un texto con valor jurídico, desarrolla una descripción de algunos derechos instrumentales o auxiliares de los derechos fundamentales. Por ende, no tiene un carácter normativo, pero sí un reconocimiento de la adaptación de los derechos al contexto digital.

Con el Reglamento sobre IA se contribuye a trazar una estrategia europea, pese a las tareas y objetivos que le marcan límites a los Estados miembros a la hora de adoptar una estrategia pública de IA.

Por ese motivo, el papel de los juristas será esencial. Con ello, se obligará a un grado de especialización en atención a la complejidad. Con el fin de una correcta aplicación del texto articulado.

La estrategia comunitaria, a grandes rasgos, se ha decantado dado el avance progresivo de la IA, por la utilización de un paradigma regulatorio basado en el riesgo o minimizar los posibles *males*. Opuesto al sistema binario de cumplimiento/ incumplimiento de la lógica kelseniana. Podría decirse que impone a los sujetos obligados unas medidas de vigilancia y control preventivos. Para ello usa tanto un sistema de gestión de riesgos como la apuesta de responsables del cumplimiento normativo. Fórmula que ya se utilizó en el Reglamento europeo de Protección de Datos. Consideramos que estas acciones se han enmarcado en no obstaculizar en un progreso económico a estas grandes plataformas, pese al objetivo de prevenir las actividades ilegales y nocivas en línea y la difusión de desinformación. De ahí, esa idea de un entorno fiable y seguro, sin tampoco suponer un *alto precio* para las mismas. Se trata por tanto de que los usuarios accedan a productos seguros y a su vez permita la competencia leal en este sector digital. Todo ello, en la base de una hipotética transparencia y del establecimiento de planes de riesgos sistémicos.

En esa evaluación de riesgos se incluye: la difusión de contenidos ilícitos, efectos adversos sobre los derechos fundamentales, efectos negativos sobre los procesos electorales; la seguridad pública, y cuestiones tales como la violencia de género, menores o la salud pública. Por ese motivo, tienen que observar: sus sistemas algorítmicos, sus sistemas de moderación de contenidos, sus sistemas de selección y presentación de anuncios, y, las prácticas del prestador en relación con los datos. Con la consiguiente obligación de: adaptar los sistemas de IA, los términos y condiciones, los sistemas de IA, los sistemas de publicidad, y el diseño o funcionamiento de sus servicios.

Los individuos y la sociedad tenemos que ser capaces de establecer límites a la utilización de la IA para garantizar nuestra propia humanidad, a pesar de que, en ocasiones, sea algo *imperfecta*. Con todo, la creación de inteligencia, mediante una herramienta creada para ser óptima no tiene conciencia subjetiva ni creatividad, por lo tanto, el esquema de la IA se basa en una lógica codificada.

Sin embargo, los análisis variarán según la IA que analicemos: que pasan de sistemas que automatizan actividades o toma de decisiones; a sistemas que actúan como robots; a sistemas que emulan el pensamiento lógico de un ser humano; etc. De ahí, dependiendo de su utilidad o la que quiera darse, los planteamientos resultarán diferentes.

Este cambio de paradigma debido a la revolución digital, genera nuevas o interpretativas facultades como parte del objeto de algunos derechos fundamentales. Lo que conducirá a una adaptación constitucional o un desarrollo plasmado en leyes orgánicas. En suma, supone una transformación en la dimensión objetiva de los derechos fundamentales.

Asimismo, hemos tratado el principio comprensibilidad de los elementos que efectúan esa toma de decisión, así, con ello, se puedan instar acciones de responsabilidad. Por ende, una atención a la seguridad jurídica en lo que respecta a los sistemas automatizados de toma de decisiones. En especial, la intervención reguladora en los casos de alto riesgo en el uso de sistemas de IA debe velar y reforzar la protección de los derechos.

En nuestras consideraciones, no visualizamos una reconstrucción total del andamiaje constitucional, sino una adaptación de los principios, valores y derechos que han sido consensuados constitucionalmente. Lo que sí que se requiere es que los conceptos constitucionales y de derecho público se inserten —permeen— en las evaluaciones del impacto de los sistemas de IA, ya que hay derechos fundamentales que proteger. Existen normas jurídicas que pueden seguirse aplicando a este ecosistema digital, lo que sí que requieren son planteamientos o hipótesis diferentes.

La Constitución como norma jurídica suprema de un Estado democrático y superior del Estado democrático y social de derecho establece la base del respeto de los derechos fundamentales y el establecimiento de límites a los poderes. En cualquier diseño, aplicación o control del uso de sistemas de IA debe observarse desde el prisma constitucional. La IA ya no es solo cuestión de procesamiento de datos, sino que también se comienza a usar para la toma de decisiones —más preocupante si hablamos de administración pública en su relación con los ciudadanos—. Esa idea de que la implementación de la IA en la sociedad se basa en términos de pura objetividad en relación a datos, ya no puede considerarse cierta. Pues, observamos que la calidad de los resultados mostrados dependerá del algoritmo, del desarrollo, diseño, operadores y de los datos suministrados. Además, en base al *machine learning*, en ocasiones, presentará decisiones sesgadas o discriminatorias, sea por negligencia o por desconocimiento. Por todo ello, el funcionamiento interno de las tecnologías de IA debe dejar de ser un constructo complejo, oculto e indiscutible, dado que está al servicio de las personas y repercute en la actividad social.

Una vez expuesto, lo que consideramos imperioso es situar la dignidad de la persona en una aplicación e interpretación de la regulación actual de IA. Por supuesto, la desinformación y el odio son una fracción trascendente en la seguridad en el uso de la IA. Pero no podrá hablarse de una fidedigna *constitucionalización* de la IA, sin una regulación que no garantice el acceso manejable a los datos personales, que no establezca mecanismos para combatir la discriminación y sesgos, que no establezca garantías jurídicas frente a decisiones tomadas por IA, o que no establezca responsabilidades similares a los derechos de los usuarios y consumidores.

Sin la defensa del pluralismo y los valores constitucionales no habrá narrativa en defensa de la IA. Lo incomprensible o las zonas oscuras de los sistemas de IA no puede ser la base de ignorar las normas constitucionales.

Todo sistema de IA debe respetar los derechos fundamentales, como sucede en el mundo analógico. Su uso debe guiarse por el respeto a los valores, principios y derechos fundamentales. Las decisiones tomadas mediante algoritmos u otras herramientas de IA tienen que ser susceptibles de ser *controladas* por la ley. No parece un mal camino, los pasos iniciales mediante un *soft law*, siempre que la práctica conduzca a una regulación *hard law*. Los principios estructurales: Estado de derecho; Estado democrático y Estado social deben impregnar a la regulación, aplicación y uso de la IA.

Bibliografía

Aguiló Regla, J.: Notas sobre inteligencia artificial y decisión judicial, *RJIB*, 2024.

Al Hasani Maturano, A.: ¿Existe censura en la moderación de contenidos mediante algoritmos? En *Martín Herrera, D (ed.): La inteligencia artificial y el control algorítmico de los derechos fundamentales*, Aranzadi, Navarra, 2024, pp. 145-155.

Al Hasani Maturano, A.: *Discurso del odio y libertad de expresión*, Aranzadi, Navarra, 2023.

Al Hasani Maturano, A.: El constitucionalismo digital: ¿paradigma, reto o necesidad? *Papeles El tiempo de los derechos*, n.º 25, 2023.

Álvarez Robles, T.: Las garantías de los derechos fundamentales en y desde la red: El contexto español, Revista chilena de derecho y tecnología, vol. 11, n.º 1, 2022, pp. 5-40.

Amato Mangiameli, A. C.: Intelligenza artificiale, big data e nuovi diritti, Rivista italiana di informatica e diritto, 4, 1, 2022, pp. 93-101.

Balaguer Callejón, F.: *La constitución del algoritmo*, Fundación Manuel Giménez Abad de Estudios Parlamentarios y del Estado Autonómico, Zaragoza, 2022.

Balaguer Callejón, F.: «Inteligencia artificial y cultura constitucional», en *Balaguer Callejón, F.; Wolfgang Sarlet, I. (dirs.): Derechos Fundamentales y Democracia en el constitucionalismo digital*, Aranzadi, Navarra, 2023.

Balaguer Callejón, F.: La constitución del algoritmo. El difícil encaje de la constitución analógica en el mundo digital, en *Balaguer Callejón, F.; Cotino Hueso, L.: Derecho Público de la Inteligencia Artificial, Obras Colectivas 27*, Fundación Giménez Abad, Zaragoza, 2023.

Balkin, J.: Free Speech is a Triangle, *Columbia Law Review*, 2018.

Barata Mir, J.: Libertad de expresión, regulación y moderación privada de contenidos, *teoría&derecho*, 32, 2022.

Barrio Andrés, M.: *Fundamentos del derecho de internet*, 2.ª ed., CEPC, Madrid, 2020.

Barrio, M.: «El Reglamento Europeo de Servicios Digitales ya está en vigor: ¿y ahora qué?» Blog Abogacía General, 19 de febrero de 2024. https://www.abogacia.es/publicaciones/blogs/blog-de-innovacion-legal/el-reglamento-europeo-de-servicios-digitales-ya-esta-en-vigor-y-ahora-que/

Bustos Gisbert, R.: El constitucionalista europeo ante la inteligencia artificial: reflexiones metodológicas de un recién llegado, *Revista Española de Derecho Constitucional*, 131, 2024.

Campione, R.: Recopilar y vigilar: algunas consideraciones filosófico-jurídicas sobre inteligencia artificial, *Sociología y Tecnociencia*, 11 *Extra 2*, 2021.

Campione, R.: *La plausibilidad del derecho en la era de la inteligencia artificial: filosofía carbónica y filosofía silícica del derecho*, Dykinson, Madrid, 2020.

Castellanos Claramunt, J.: *Inteligencia artificial y democracia: garantías, límites constitucionales y perspectiva ética ante la transformación digital*, Atelier, Barcelona, 2023.

Coeckelbergh, M.: *La filosofía política de la Inteligencia Artificial (trad. Álvarez Canga, L.)*, Cátedra Teorema, Madrid, 2023.

Cotino Hueso, L.: ONLINE-OFFLINE. Las garantías para el acceso a Internet y para la desconexión, bloqueo, filtrado y otras restricciones de la red y sus contenidos, *Revista de Derecho Político*, n.º 108, 2020.

Cotino Hueso, L.: La necesaria actualización de los derechos fundamentales como derechos digitales ante el desarrollo de internet y las nuevas tecnologías. En *Pendás, B (dir.).: España Constitucional (1978-2018)*, III Tomo, CEPC, Madrid.

Cotino Hueso, L.: Nuevo paradigma en las garantías de los derechos fundamentales y una nueva protección de datos frente al impacto social y colectivo de la inteligencia artificial, en *Bauzá Reilly, M.; Cotino Hueso, L. (dirs): Derechos y garantías ante la inteligencia artificial y las decisiones automatizadas*, Aranzadi, Navarra, 2022.

Díaz Revorio, F. J.: Los valores superiores del ordenamiento jurídico, en *González Hernández, E.; Rubio Núñez, R. (coords.); Pendás García, B (dir.) España constitucional (1978-2018): trayectorias y perspectivas*, Vol. 3, CEPC, Madrid, 2018.

Díaz Revorio, F. J.: Reflexiones sobre las nuevas tecnologías y los derechos fundamentales, en *Gónzalez-Cuellar, N.; Demetrio Crespo, E. (dirs.): Legalidad y defensa: garantías constitucionales del derecho y la justicia penal*, Castillo de Luna, 2015, pp. 251-282.

Ester Sánchez, A. T.: El desafío de la Inteligencia Artificial a la vigencia de los derechos fundamentales, *Cuadernos Electrónicos de Filosofía del Derecho*, n.º 48, 2023.

Frosini, T. E.: Constitucionalismo tecnológico, en *Balaguer Callejón, F.; Wolfgang Sarlet, I. (dirs.): Derechos Fundamentales y Democracia en el constitucionalismo digital*, Aranzadi, Navarra, 2023.

Frosini, T. E.: L'orizzonte giuridico dell'Intelligenza Artificiale, *Perspective sul n. 1/2022 di BioLaw Journal - Rivista di BioDiritto*, 2022.

Galdámez Morales, A.: Democracia, redes sociales y el mito de la neutralidad, en *Gavara de Cara, J.; De Miguel Bárcena, J. (dirs.): La neutralidad en el Estado constitucio*nal, 2023, Bosch, Barcelona, pp. 321-358.

Galli, F.; Sartor, G.: L'utilizzo dei big data e dell'IA per una migliore qualità della regolamentazione, *Osservatorio sulle Fonti*, Speciale - Tecnica legislativa ed innovazione tecnologica (2/2022).

Gamero Casado, E.: El enfoque europeo de Inteligencia Artificial, *Revista de Derecho Administrativo*, n.º 20, 2021.

García Mahamut, R.: Elecciones, protección de datos y transparencia en la publicidad política: la apuesta normativa de la UE y sus efectos en el ordenamiento español, *Revista española de la transparencia*, n.º 17 (*Extra 2023*), 2023.

Garrido Martín, J.; Llano Alonso, F. H. (coords.): *Inteligencia artificial y Filosofía del derecho*, Laborum, 2022.

Gutiérrez García, E.: *Inteligencia artificial y derechos fundamentales: Hacia una convivencia en la era digital*, COLEX, 2024.

Jiménez Asensio, R.: Detrás de la pantalla: Transición digital, Administración Pública y ciudadanía. En *Medina Guerrero, M (coord.), Los derechos de la ciudadanía ante la administración digital*, CEPC, Madrid, 2023.

Klonick, K.: The Facebook Oversight Board: Creating an Independent Institution to Adjudicate Online Free Expression, *Yale Law Journal*, vol. 129, 2020.

López Guerra, L.: La evolución del sistema europeo de protección de derechos humanos, *Teoría y realidad constitucional*, n.º 42, 2018 (Ejemplar dedicado a: Tribunal Europeo de Derechos Humanos).

Llano Alonso, F. H.: El derecho ante el nuevo paradigma transhumanista de la era digital, *Revista Jurídica de Asturias*, n.º 45, 2022.

Llano Alonso, F. H: *Homo ex machina. Ética de la inteligencia artificial y derecho digital ante el horizonte de la singularidad tecnológica*, Tirant lo Blanch, Valencia, 2024.

Macchia, M.: Pubblica amministrazione e tecniche algoritmiche, *DIPCE*, 51-1, 2022.

Martín Herrera, D (ed.): La inteligencia artificial y el control algorítmico de los derechos fundamentales, Aranzadi, Navarra, 2024.

Martínez García, J. I.: Inteligencia y derechos humanos en la sociedad digital, *Cuadernos Electrónicos Filosofía Derecho*, n.º 40, 2019.

Nowotny, H.: *La fe en la inteligencia artificial. Los algoritmos predictivos y el futuro de la humanidad (Trad. Bosch, A.)*, Galaxia Gutenberg, Barcelona, 2022.

Oliver Araujo, J.: La «cláusula de conciencia» de los periodistas: un derecho en defensa de su dignidad profesional, *Revista de Derecho Político*, n.º 119, 2024.

Palma, M.: Gli algoritmi dell'amministrazione pubblica e l'amministrazione pubblica degli algoritmi, *Rivista italiana di informatica e diritto*. 4, 2 (dic. 2022).

Pauner Chulvi, C.: Transparencia algorítmica en los medios de comunicación y las plataformas digitales, *Revista española de la transparencia*, n.º 17 (*Extra* 2023), 2023.

Piñar Mañas, J. L.; Barrio Andrés, M.: IA, democracia y derechos fundamentales, *Derecho Digital e Innovación. Digital Law and Innovation Review*, n.° 18 (octubre-diciembre), 2023.

Pollicino, O.; De Gregorio, G.: Constitutional Law in the Algorithmic Society, in *Constitutional Challenges in the Algorithmic Society*, Cambridge University Press, 2021.

Presno Linera, M. A.: *Derechos fundamentales e inteligencia artificial*, Marcial Pons, Madrid, 2022.

Presno Linera, M. A.: «La propuesta de "Ley de Inteligencia Artificial" europea», *Revista de las Cortes Generales*, n.° 116, 2023.

Presno Linera, M. A.: Teoría general de los derechos fundamentales e inteligencia artificial: una aproximación, *Revista Jurídica de Asturias*, n.° 45, 2022.

Ramió, C.: *Inteligencia artificial y Administración pública. Robots y humanos compartiendo el servicio público*, Madrid, Catarata, 2018.

Rallo Lombarte, A.: «Una nueva generación de derechos digitales», *Revista de Estudios Políticos*, n.° 187, 2020.

Reale, C. M.; Tomasi, M.: Libertà d'espressione, nuovi media e intelligenza artificiale: la ricerca di un nuovo equilibrio nell'ecosistema costituzionale, *DPCE ONLINE*, v. 51, 1/2022.

Revenga Sánchez, M.: El tiempo de los derechos en la era digital, en *López Ulloa, J.M (dir.): El impacto de la era digital en el derecho*, Aranzadi, Navarra, pp. 37-54.

Rodríguez Ayuso, J. F.; Montero Pascual, J. J.: *La nueva regulación de los* datos, Aranzadi, Navarra, 2023.

Sánchez Barrilao, J. F.: El derecho constitucional ante la era de ultrón: la informática y la inteligencia artificial como objeto constitucional, *Estudios de Deusto*, Vol. 64/2, Julio-Diciembre, 2016.

Sarrión Esteve, J.: Algunas notas sobre el paradigma de protección de los derechos fundamentales frente a la inteligencia artificial y las neurotecnologías, en *Reche Tello, N.; Tur Ausina, R. (dirs.): La teoría constitucional frente a la transformación digital y las nuevas tecnologías*, Aranzadi, Navarra, 2022.

Sartor, G.: *L'intelligenza artificiale e il diritto*, Giappichelli, Torino, 2022.

Serrano Maíllo, M. I.; Corredoira y Alfonso, L. (coords.): *Democracia y desinformación. Nuevas formas de polarización, discursos de odio y campañas en redes. Respuestas regulatorias de Europa y América Latina*, Dykinson, Madrid, 2024.

Sierra de la Morón, S.: Inteligencia artificial y justicia administrativa: una aproximación desde la teoría del control de la Administración pública, *Revista General de Derecho Administrativo*, núm. 53, 2020.

Simón Castellano, P.; Miró Llinares, F. (dirs.): *La evaluación de impacto algorítmico en los derechos fundamentales*, Aranzadi, Navarra, 2023.

Simoncini, A.: Il linguaggio dell'Intelligenza Artificiale e la tutela costituzionale dei diritti, *Rivista AIC Trimestrale di diritto costituzionale*, Anno 2023/ Fascicolo II, pp. 1-39.

Teruel Lozano, G. M.: «Cuando las palabras generan odio: límites a la libertad de expresión en el ordenamiento constitucional español», *Revista Española de Derecho Constitucional*, año n.º 38, n.º 114, 2018.

Valero Torrijos, J.: Las garantías jurídicas de la inteligencia artificial en la actividad administrativa desde la perspectiva de la buena administración, *Revista Catalana de Dret Públic,* núm. 58, 2019.

Valls Prieto, J.: El impacto de la inteligencia artificial en los derechos fundamentales: herramientas para un análisis jurídico, en *Bueno de Mata, F.; Bujosa Vadell, L. M.(dirs.) Fodertics 10.0*, 2022.

Vázquez Alonso, V. J.: La censura «privada» de las grandes corporaciones digitales y el nuevo sistema de la libertad de expresión, *teoría&derecho*, 32, 2022.

Vestri, G.: Denegación vs. Derecho de acceso al código fuente en los sistemas algorítmicos. Una perspectiva jurídico-administrativa, en *Cotino Hueso, L. y Castellanos Claramunt, J. (ed.), Transparencia y explicabilidad de la inteligencia artificial*, Tirant lo Blanch, Valencia, 2022.